元首政治与帝国治理

——以赫洛迪安《罗马帝国史》为考察对象

莫凡 著

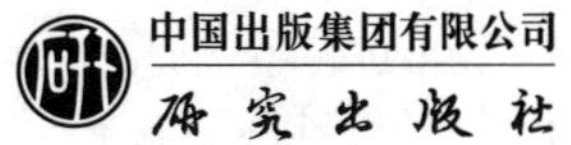
中国出版集团有限公司
研究出版社

图书在版编目 (CIP) 数据

元首政治与帝国治理 : 以赫洛迪安《罗马帝国史》为考察对象 / 莫凡著. -- 北京 : 研究出版社, 2025. 6. -- ISBN 978-7-5199-1825-5

Ⅰ. K126

中国国家版本馆CIP数据核字第2025LU8663号

出 品 人：陈建军
出版统筹：丁 波
责任编辑：孔煜华

元首政治与帝国治理：以赫洛迪安《罗马帝国史》为考察对象

莫凡 著

研究出版社 出版发行

（100006 北京市东城区灯市口大街100号华腾商务楼）

北京新华印刷有限公司印刷 新华书店经销

2025年6月第1版 2025年6月第1次印刷

开本：710毫米 × 1000毫米 1/16 印张：9

字数：60千字

ISBN 978–7–5199–1825–5 定价：68.00元

电话（010）64217619 64217652（发行部）

目录

绪　论

赫洛迪安（Herodianus，约 175—250 年）是罗马帝国时期的著名作家。有关他生平的记载主要来自其本人的作品《罗马帝国史》（*History of the Empire*）。一般认为，赫洛迪安来自叙利亚的安条克，通常被称为“安条克的赫洛迪安”（Herodian of Antioch）。赫洛迪安早年曾在某个东部行省担任过地方财政官，之后前往罗马出任帝国官职。[①] 在罗马期间，他有机会

① Herodian, *History of the Empire*, in two volumes, with an English translation by C. R. Whittaker, Loeb Classical Library, London: Harvard University Press, 1969-1970, Ⅰ.2.5.

接触到大量存放于元首宫殿和元老院的档案、文件。任期结束后，赫洛迪安离开罗马，返回家乡安条克，开始撰写《罗马帝国史》，并在那里终老。

赫洛迪安仅有一部作品流传于世，即《罗马帝国史》。此书共八卷。《罗马帝国史》的记述始于公元180年元首马尔库斯·奥勒留去世，终于公元238年戈尔迪安三世就任元首。[①]《罗马帝国史》以这一时期的诸元首为核心，记载了罗马帝国在二世纪末及三世纪前叶的历史。

笔者在翻译和研读《罗马帝国史》的过程中，发现二世纪末期和三世纪前叶的罗马政治局势在这部作品中得以充分呈现。各股政治力量的相互利用和牵制在书中被展示得淋漓尽致。透过赫洛迪安的《罗马帝国史》，笔者发现在这一时期的政治结构中，元首是实质上的权力核心。围绕元首存在着一支在帝国时期新出现的政治力量——禁卫军。在宫廷之外，亦

① 此时间区间内的元首姓名、在位先后顺序参见本书071页表1。

有元老院、平民与边疆军团这三支不可忽视的重要力量。这一时期的政治变动都是这五支力量相互作用的结果。基于这一认识，笔者认为以赫洛迪安的《罗马帝国史》一书为考察对象，可对以下问题进行思考：在赫洛迪安的笔下，这些政治力量分别在罗马政治舞台上扮演何种角色，彼此之间如何围绕元首这一政治核心进行较量？元首的权力是否更加集中？元首与元老院的关系有何变化？军队作为威胁元首交接和继承的主要势力，又出现哪些新的特征？平民又是通过哪些途径进行政治参与？这一时期的元首政治同帝国前期相比，是否呈现出一些阶段性的新特点？因此，本书希望以赫洛迪安的《罗马帝国史》为考察对象，梳理各主要政治力量在二世纪末期和三世纪前叶的发展变化，探讨元首政治和帝国治理在这一阶段出现的新特征和新趋势，以便更好地理解三世纪作为罗马政治的重要分水岭，是如何发挥承上启下关键作用的。

作为三世纪前叶保留下来的为数寥寥的几部历史作品之一，赫洛迪安的《罗马帝国史》提供了许多不见于其它同时期作品的史料信息，对于后世学者全面把握三世纪罗马政治局势的变化具有重要意义。然而，这部极富价值与特色的古典作品在罗马政治史上的贡献长期以来却并未受到学界的重视，在国内学术界尤其如此。因此，笔者认为在认真研读赫洛迪安的《罗马帝国史》和其它古典文献的基础上，系统考察元首政治在二世纪末期和三世纪前叶的变化是如何呈现在赫洛迪安的笔下，对我们完整理解罗马的帝国治理有着重要意义和价值。赫洛迪安的《罗马帝国史》以塞维鲁王朝的历史为主要记述对象。塞维鲁王朝恰好处于从帝国前期到军事混乱时期的过渡阶段。一方面，塞维鲁王朝仍维持着元首制传统的统治结构；另一方面，元首的军事专制特征已在塞维鲁王朝呈现得非常明显。吉本认为塞维鲁政府已经堕落成军事专制政府，把塞维鲁看作是帝国危机的罪魁祸首。[①] 罗斯托夫采夫称塞维鲁王朝是一个武力专制时期。塞维鲁

① 【英】爱德华·吉本:《罗马帝国衰亡史》(上册)，黄雨石、黄宜思译，北京：商务印书馆，1997年，第105、107页。

把奥古斯都的元首制完全军事化。[①] 因此，透过《罗马帝国史》对这一时期的元首政治进行考察，对我们探讨罗马元首政治的整体发展状况具有较大的价值。首先，通过探究罗马的各支政治力量在三世纪前叶的交织互动情况，有助于我们更加清晰地呈现元首政治的重大变化，进而分析这些新变化和新特征对三世纪危机期间及帝国晚期的政治局势所造成的影响。这对进一步理解三世纪危机全面爆发的背景和晚期罗马帝国政治体系的形成亦具有一定的意义。另外，我们亦能利用对这一时期元首政治特征的分析，将它同一世纪的元首政治进行比较，总结哪些现象继承了一世纪的传统，哪些特征又是在三世纪出现的新情况，以便于我们更加直观地理解二世纪末期和三世纪前叶的罗马政治局势是如何在罗马政治史的演变中发挥承上启下的作用。

赫洛迪安的《罗马帝国史》问世后便广为流传，

① 【美】罗斯托夫采夫:《罗马帝国社会经济史》(上册)，马雍、厉以宁译，北京：商务印书馆，1985 年，第 565 页。

被众多古典作家视作三世纪的重要史料进行引用。同时，人们开始对《罗马帝国史》的价值展开广泛的讨论。在四世纪，《诸奥古斯都传》的作者认为赫洛迪安的《罗马帝国史》存在大量偏见，同时又不断引用《罗马帝国史》中的内容。[①] 九世纪时，君士坦丁堡的主教佛提乌称赞赫洛迪安写作风格清晰明朗，叙述立场客观，不掺杂私人情感。他在《群书摘要》中提及:“赫洛迪安不曾夸大、也不曾遗漏任何重要内容。他拥有历史学家所应当具备的一切美德。”[②] 自中世纪开始，学者们通常以狄奥·卡西乌斯的《罗马史》为三世纪前叶的主要史料，仅将赫洛迪安的《罗马帝国史》作为狄奥未提及部分的补充材料。

进入二十世纪后，学者们不再拘泥于赫洛迪安在《罗马帝国史》中的记载是否可信，而是开始从历史学、文学、文献学、语言学等多个角度对赫洛迪安和《罗马帝国史》进行更为深入的探讨。但就笔者所

① Herodian, *History of the Empire*, “Introduction”, p.37.

② Herodian, *History of the Empire*, “Introduction”, p.37.

接触到的研究成果而言，鲜有将赫洛迪安的《罗马帝国史》同罗马政治结合起来进行探析的论著。塞德博特姆（Harry Sidebottom）在《赫洛迪安的撰史方法和对历史的理解》[①]一文中探讨赫洛迪安如何看待三世纪政治局势的变化。塞德博特姆承认赫洛迪安已经意识到不同政治力量之间的此消彼长，但否认其了解帝国的政治体系正在缓慢地发生整体性的变化。克梅齐斯（Adam M. Kemezis）的《希腊叙事中的塞维鲁时期的罗马帝国》[②]一书从核心史料的选择、叙述方式的构建这两个方面对狄奥的《罗马史》、斐洛斯特拉图斯的《阿波罗尼乌斯》《智术士》、赫洛迪安的《罗马帝国史》这四部作品进行比较，探讨塞维鲁王朝剧烈的政治变化如何影响帝国的希腊史学在三世

① Harry Sidebottom, "Herodian's Historical Methods and Understanding of History", *Aufstieg und Niedergang der römischen Welt* 2.34.2(1998), pp. 2775-2836.

② Adam M. Kemezis, *Greek Narratives of the Roman Empire under the Severans*, Cambridge: Cambridge University Press, 2014.

纪的发展。克梅齐斯认为这些希腊作家[①]都清晰地指出这一时期的罗马正在经历衰退和危机，并试图以一种置身在外的姿态为罗马人提供挽救国家的方法。布洛斯（Lukas de Blois）的《三世纪危机与罗马帝国的希腊精英》[②]一文比较了狄奥、赫洛迪安、斐洛斯特拉图斯和德克西普斯等四位希腊作家，从他们的文本中探究他们作为同时代的希腊人，如何看待罗马的政治变化。布洛斯指出这些希腊作家纷纷意识到罗马在马尔库斯·奥勒留去世后开始陷入重重困境，尤其是边境威胁的增加和军队纪律的恶化，并积极提出各类摆脱困境的措施。其中，四位作家都强调传统道德与文化的复兴，并建议尽快恢复元老院的权力与地位。布

① “这些希腊作家”指的是上面提到的狄奥、斐洛斯特拉图斯与赫洛迪安这三位作家。他们都是用古希腊语进行写作。虽然他们的家乡都已经处于罗马的统治之下，但学界一般会将他们称作罗马治下的希腊作家，以区别于用拉丁文写作的罗马作家。

② Lukas de Blois, “The Third Century Crisis and the Greek Elite in the Roman Empire”, *Historia: Zeitschrift für Alte Geschichte*, Bd. 33, H. 3(1984), pp. 358-377.

洛斯认为，相较于二世纪的希腊精英动辄抨击罗马统治阶层的生活方式，三世纪的希腊精英对罗马的认同感明显增强。这些专著和文章为笔者透过赫洛迪安的撰述模式分析三世纪前叶的政治变化特征提供了很好的思考角度。

总体而言，学者们对赫洛迪安及《罗马帝国史》的研究主要集中在以下几个方面：一是《罗马帝国史》中修辞的使用[①]，着重强调修辞与作品真实性的关系。二是《罗马帝国史》的史料来源[②]，一般认为赫洛迪安在写作《罗马帝国史》的过程中，参照并改写了狄奥的《罗马史》。三是赫洛迪安同其他古典作家的

---

① Marios Philippides, "Herodian 2.4.1 and Pertinax", *The Classical World*, Vol.77, No.5(1984), pp.295-297; Adam M. Kemezis, *Greek Narratives of the Roman Empire under the Severans*, Cambridge: Cambridge University Press,2014, pp. 228-229.

② A. G. Ross, "Herodian's Method of Composition", *The Journal of Roman Studies*, Vol. 5(1915), pp. 191-202; Harry Sidebottom, "Herodian's Historical Methods and Understanding of History", *Aufstieg und Niedergang der römischen Welt* 2.34.2(1998), pp. 2775-2836.

比较[①]，多关注不同作家是如何使用相同的历史事件和人物来给他们的读者提供不同的观点与态度。可见当前学界对赫洛迪安和《罗马帝国史》的研究仍集中于文献学、古典文学等领域。本书的着眼点则在于，从政治军事史的角度审视《罗马帝国史》，提出新的问题，挖掘和评估这部古典著作的新价值。

元首政治是罗马帝国时期独特的政体形式。赫洛迪安的《罗马帝国史》是记载塞维鲁王朝诸元首言行的重要资料。本书以赫洛迪安《罗马帝国史》为考察中心，系统梳理并剖析赫洛迪安笔下的元首政治与帝国治理，揭示罗马元首政治在二世纪末至三世纪前叶的本质特征。

本书共分为四章，以赫洛迪安的《罗马帝国史》为核心文本，从元首、元老院、军队和平民等四个角

① Andrew G. Scott, “Dio and Herodian on the Assassination of Caracalla”, *The Classical World*, Vol. 106, No.1(2012), pp. 15-28; Joel S. Ward, *Watching History Unfold: The Uses of Viewing in Cassius Dio, Herodian and the Historia Augusta*, Ph.D dissertation: New York University, 2011.

度来考察二世纪末至三世纪前叶的罗马元首政治与帝国治理。在第一章中，本书从罗马元首政治的核心——元首入手，分析元首行政权力和财政权力的巩固与增强，剖析元首出身的行省化趋向以及元首对行省军政事务的重视，证明行省在帝国治理中产生着越来越大的作用。第二章梳理元首政治中元首与元老院的关系，发现元首既有打压元老院的一面，又有利用元老院的权威为其服务的一面。元首常常借助军队的力量，干预甚至侵犯元老院的元首授予权和公敌宣告权。元老院在国家政权中的作用日益削弱。第三章继而研究这一时期的元首政治中军队的作用，发现元首面对军队势力的增强，主要利用金钱、特权和个人权威加强对军队的控制。军队的行省化和蛮族化趋势既是这一时期元首行政治理的结果，同时也对此时的元首政治带来重大的影响。第四章论述了该阶段的元首政治中平民的角色，认为元首对平民仍旧采用“面包加竞技场”的方法，用安抚的手段求得内部的安宁。平民试图通过社会舆论和暴力活动对政治施加影响，但效果甚微。平民对政治的影响力大幅下降。总的来说，公元二世纪末、三世纪初罗马的元首政治是建立在元老院权力不断削弱、元首权力高度集中的基础之上的。军队是这一时期元首的最重要的依靠力量。行省地位的上升和蛮族势力的涌入是当时元首政治的新特点。塞维鲁王朝诸元首对帝国的治理不但没有在制度上改变元首政治的缺陷，相反还因为过度依赖军队埋下了军人专制的祸根。

赫洛迪安《罗马帝国史》洛布版一至四卷
——莫凡拍摄

赫洛迪安《罗马帝国史》洛布版五至八卷
——莫凡拍摄

第一章

罗马元首政治的核心

元首作为元首政治的核心，在帝国的实际运作中始终占据着最为关键的地位。各支政治力量都必须围绕元首展开互动。帝国前期的元首大多“尊敬元老院”“尊重罗马人民的传统权力”并“与军队保持一定的距离”①。而在赫洛迪安的笔下，从二世纪末期开始，随着元首下辖的官僚体系日臻完善，元首的个人权力不断增长。同时，元首同神祇的联系更加紧密。另外自塞维鲁王朝开始，罗马元首的出身越发趋向行省化。元首对行省军政事务的重视程度显著上升。

① Brian Campbell, *War and Society in Imperial Rome 31B.C.-A.D.284*, London: Routledge, 2002, p.108.

第一节

元首权力的高度集中

在帝国前期，元首通常和元老院一同管理帝国，分享各项权力。而在赫洛迪安的笔下，从二世纪末期开始，元首逐渐结束和元老院之间的分工合作关系，开始加强对各项权力的控制，尤其表现在对行政权和财政权的掌控上。元首在管理帝国的过程中，很快就凌驾于元老院之上。与此同时，元首进一步加强元首崇拜，竭力令自己更加靠近神祇，以增强个人权威。

首先，赫洛迪安笔下的元首更加强调自身同神祇的联系，不断加强元首崇拜。自奥古斯都起，对元首的崇拜和对罗马神祇的崇拜便被结合到一起，以提升元首的威望，巩固其统治。[①] 罗斯托夫采夫指出："奥古斯都氏王朝所有的皇帝都迫切地感到需要巩固他们的权力，需要在单单的法律基础以外替他们的权力找寻更多的基础。奥古斯都的继承者们，特别是卡利古拉和芮罗一再努力倡导对皇帝的宗教崇拜并使之成为一种国家制度，其道理就在于此。也正由于这样，所以才作出许多努力给在世的皇帝加上神名，使他具有

---

① 格拉戴尔认为罗马对元首的崇拜与共和国时期并无不同，仅是将元首作为重要人物来崇拜，而非将元首当作神祇来崇拜。他否认元首崇拜曾出现在帝国的祭祀中，并指出给在世的元首增添神性，是对国家的侮辱。参见 Ittai Gradel, *Emperor Worship and Roman Religion*, Oxford: Oxford University Press, 2002, p.163。宋凤英和何立波认为元首崇拜是罗马政体转变和希腊、东方政治文化传入罗马相结合的产物。在世的元首具有神性这一点本与罗马政治传统相冲突，但它最终为罗马人乃至保守的罗马贵族所接受，显示了元首权威的确立与罗马政治文化内涵的变化。参见宋凤英、何立波：《古罗马传统宗教与元首崇拜的构建》，《世界宗教文化》，2013 年第 5 期，第 96 页。

神性。”[①] 二世纪晚期和三世纪前叶的元首更是竭力寻求神祇的帮助，以证明其权力的合法性。

一方面，前任元首在去世后经过神化，成为神祇接受民众的崇拜。马尔库斯·奥勒留去世后，继位的康茂德在营地发表演说时说道：“我的父亲已经升上天界，成为众神中的一员。而我们则应着眼于人间，治理好这个世界。”[②] 在描述塞维鲁的葬礼和神化仪式时，赫洛迪安亦提及在葬礼的最后，一只雄鹰会从最顶层飞出，在漫天大火中冲入云霄，将元首的灵魂送至天界，由此象征元首已成为神明，接受凡人的尊崇。[③] 元首神化的目的主要在于为前任元首和继任元首之间建立联系，为新任元首提供继位的合法性。另一方面，在任元首更加强调自身同神祇的联系，在位时即有意神化自己，并通过竖立雕像、绘制画像等方式来提升威望。盖塔死后，安东尼努斯成为唯一的元首。

---

① 【美】罗斯托夫采夫:《罗马帝国社会经济史》(上册)，第121页。

② Herodian, *History of the Empire*, Ⅰ.5.6.

③ Herodian, *History of the Empire*, Ⅳ.2.11.

他在元老院发表讲话时说道：“你们首先应该感谢诸神选择救下我，再尽快停止派系斗争与分歧，来迎接只有一位元首的美好时代。正如朱庇特是众神之首一般，人世间也应只有一位元首。”[①] 康茂德在位期间到处竖立自己的雕像，并下令将一尊自己拉弓射箭的塑像立在元老院门口，借此震慑元老院。[②] 塞维鲁击败帕提亚人后，亦要求元老院将他的战功描绘成画像作公开展示，以供罗马人瞻仰他的丰功伟绩。[③] 元首的个人威望在这一时期得到较大的提升。

与此同时，元首开始利用以自己为核心的官僚体系不断扩张权力。包括立法、行政和司法在内的各项权力都逐渐从元老院和公民大会转移到元首手中。其中，元首对行政权和财政权的控制增强在赫洛迪安的笔下表现得格外明显。帝国的行政权逐渐为元首和元首下辖的官僚体系所掌控。元首拥有各类军政官职的

---

① Herodian, *History of the Empire*, Ⅳ.5.7.

② Herodian, *History of the Empire*, Ⅰ.14.8.

③ Herodian, *History of the Empire*, Ⅲ.9.12.

任命权。禁卫军长官开始协助元首进行国家的行政管理。另外，元首对帝国财政的控制亦有所加强。元首之下的官僚体系开始在帝国管理中扮演重要角色。

首先，元首对帝国官员的任命权显著扩大。在帝国前期，尽管元首拥有提名的权力，选举官员的职权仍然由元老院和公民大会所掌握。在选举各类官员时，元老院和公民大会通常严格维护等级秩序，从元老阶层中挑选出任高级官职的人选。而在赫洛迪安的笔下，各类军政官职的任免权都已直接掌握在元首手中。对于元首的决定，元老院不得商讨和拒绝。而在任命官员的过程中，元首经常无视应从元老阶层中决定人选的传统，完全根据自己的意愿和喜好，将高级军政官职授予非元老阶层的人，甚至是一些出身底层的平民和被释奴。克里安德原本只是元首家族的奴隶，康茂德掌权后，将其擢升为禁卫军长官和内廷总管。[①] 塞维鲁登上元首之位后，重赏自己的同乡普劳

① Herodian, *History of the Empire*, Ⅰ.12.3.

提阿努斯，将死刑犯的家产全部赐予他，并且任命他为禁卫军长官。[①] 安东尼努斯和盖塔共同治理帝国时，将官员的任命权作为彼此斗争的工具。“每当有军队或行政职务出现空缺时，他们都拼命提拔自己的好友。”[②] 埃拉伽巴路斯曾让舞台上和公共剧院里的演员负责管理帝国事务。“一个自幼在罗马公共剧院表演的舞蹈演员成为军事长官。另一位出身舞台的演员不仅负责青年的道德教化，甚至成为评判元老人选和贵族资格的官员。安东尼努斯将帝国最重要的职位授予那些驭车手、喜剧演员和哑剧演员。善于奉承的奴隶和被释奴则被任命为行省总督。”[③] 帝国前期的严格的官员晋升秩序已荡然无存。另外，元首还通过以禁卫军长官为代表的官僚体系牢牢掌握行政权。禁卫军长官的权力快速膨胀，成为实际上的行政首脑，协助元首行使职权。康茂德的一名禁卫军长官佩莱尼乌斯权

① Herodian, *History of the Empire*, Ⅲ.10.6.

② Herodian, *History of the Empire*, Ⅳ.4.1.

③ Herodian, *History of the Empire*, Ⅴ.7.6-7.

势滔天，管理帝国的全部事务，并利用手中的权力将贵族们的财富据为己有，迅速成为当时的首富。[①]根据狄奥的记载，康茂德的另一名禁卫军长官克里安德甚至公开售卖包括元老、行省总督、财务官、军事长官等在内的各类官职，曾在一年之内先后任命 25 名执政官。[②]塞维鲁的禁卫军长官普劳提阿努斯也曾权倾一时，甚至被塑造成公共形象。“他经常给自己的托加镶上宽边，象征他曾两度担任执政官，并随身佩戴利剑和各类徽章。民众十分敬畏他，没有人敢接近他，甚至连偶遇他都会立刻绕道而行。他的随从不允许任何人直视他，所有人都必须靠边颔首低眉。”[③]元首对行政权的掌控加强使得大量非元老阶层的人获得高级军政官职。元老阶层在帝国前期一直竭力维护的等级秩序和晋升原则在二世纪末期被快速打破。只要

---

① Herodian, *History of the Empire*, Ⅰ.8.8.

② Dio Cassius, *Roman History*, in nine volumes, with an English translation by Earnest Cary, Loeb Classical Library, London: William Heinemann, 1914-1927, LXXⅢ.12.3-4.

③ Herodian, *History of the Empire*, Ⅲ.11.2-3.

能够获得元首的欢心或是有足够的财富，包括被释奴在内的任何等级都有机会快速晋升至高级官职。一方面，这是元老院权力被削弱的结果。元老院无力阻止元首将大量重要职位开放给非元老阶层。另一方面，这又进一步加速元老院地位的下降。"元老阶层在官僚体系中进一步受到排挤。一些官员在掌握实权后，也没有兴趣谋求元老的职位。"[①] 元首下辖的官僚体系逐步取代元老院，协助元首管理帝国事务。

另外，帝国的财政权也很快集中到元首一人的身上。帝国前期，元首和元老院分工管理国家财政。元老院负责国家金库，而元首则负责元首金库。两者界限分明。佩蒂纳克斯在位期间曾下令不得在元首的财产上刻有他的名字，指出这些并非元首的私产，而是属于罗马帝国的公共财库。[②] 元老院亦有权参与制定财政政策。但自二世纪晚期起，随着元首对军队的依

① 尹宁:《试论古罗马元首制的阶段性特征——以元首人选的变更为例》,《古代文明》，2014年8月第2期，第27页。

② Herodian, *History of the Empire*, Ⅱ.4.7.

赖迅速加深，出于供养军队和巩固统治的需要，元首急需快速聚敛巨额财富。由此，元首便迅速加强对帝国财政的控制，剥夺元老院管理国库的权力，独揽财政大权，以扩充自己的经济实力。公共财产和元首个人财产之间的界限逐渐模糊。

在赫洛迪安的笔下，元首大多将国家金库的收入视为己有，肆意使用公共财产来给士兵发放酬劳，以维系军队的支持，巩固自己的统治。当朱利安努斯得知塞维鲁已经率军进入意大利后，他为争取禁卫军的支持，“将自己和亲友的私人财富，还有公共金库和神庙里的所有钱财都募集起来，分发给士兵们”①。安东尼努斯除掉弟弟盖塔后，为争取军队的支持，要求士兵们“自行前往神庙和金库领取赏赐”②。马克西米努斯登上元首之位后，先是疯狂掠夺贵族们的财富，“洗劫大部分富人的钱财”③，随后便盯紧公共金库，将

① Herodian, *History of the Empire*, Ⅱ.11.7.

② Herodian, *History of the Empire*, Ⅳ.4.7.

③ Herodian, *History of the Empire*, Ⅶ.3.5.

"用于购买粮食、分发给民众以及兴办节日庆典"[①]的资金全部据为己有。"神庙里的祭品、各式神像、献给英雄的祭品、公共建筑上的装饰物、罗马城内的雕饰以及一切能熔铸成钱币的物品都被马克西米努斯搜刮一空。"[②]另外，元首对税收的控制和需求也明显增强。康茂德曾下令在各水陆要道强行征收关税，"将其视作摇钱树疯狂搜刮"[③]。直到佩蒂纳克斯上台后，才将这些关税取消，"使各地商贸免受税收之苦"[④]。而在狄奥看来，安东尼努斯下令将罗马公民权授予帝国的所有居民，其真实目的便在于借助征税增加自己的收入[⑤]。至塞维鲁王朝时，元首已实现对国家财政的全面管理与控制，并将大量公共收入用于元首的个人支出。相较于其它方面，元老院在财政事务中的权力亦丧失地最为彻底。"在帝国后期，元老院在财政管理

---

① Herodian, *History of the Empire*, Ⅶ.3.5.

② Herodian, *History of the Empire*, Ⅶ.3.5.

③ Herodian, *History of the Empire*, Ⅱ.4.7.

④ Herodian, *History of the Empire*, Ⅱ.4.7.

⑤ Dio Cassius, *Roman History*, LXXⅧ.9.5.

方面的角色已经从从属于元首变为完全丧失作用。”①

元首借助其下辖的日益完善的官僚体系，开始独掌包括行政权和财政权在内的各项重要权力。元老院的职能相应地不断缩小。元老院对元首来说，逐渐变成作用微弱的存在。与此同时，元老阶层亦与元老院同步衰落。元首根据自己的喜好和意愿任命大量非元老阶层的人为高级军政官员。元老阶层对高级官职的垄断已然被打破。罗马传统的社会秩序和等级原则遭到来自元首的破坏。元首的专断性在罗马政治的日常运作中日益凸显。“元首的性格和行为成为影响帝国政治发展的重要因素。”②

---

① 【美】理查德·J·A·塔尔伯特:《罗马帝国的元老院》，梁鸣雁、陈燕怡译，上海：华东师范大学出版社，2018 年，第 459 页。

② Brian Campbell, *War and Society in Imperial Rome 31B.C.-A.D.284*, p.14.

古罗马神庙遗迹

——莫凡 2017 年 7 月摄于罗马

第二节

元首的行省化

帝国前期，意大利贵族长期垄断元首之位。意大利作为帝国的中心，一直在政治上享有特权地位。除有紧急战况外，元首极少离开罗马和意大利。[①] 但在赫洛迪安的笔下，罗马的元首们呈现出明显的行省化

① 坎贝尔认为一、二世纪的元首大多不愿意离开罗马，一是因为在首都能够受到禁卫军和城市大队的密切保护，二是担心会有人趁元首不在罗马时制造纠纷或掀起叛乱。参见 Brian Campbell, *War and Society in Imperial Rome 31B.C.-A.D.284*, p. 12.

特征。"元首既不来自罗马，也不居住在罗马。"[①]自塞维鲁王朝起，大量元首出自行省而非意大利。许多元首开始频繁离开罗马，前往行省或边境地区，或是领军作战，或是逗留在行省管理帝国的日常事务。一些元首深受行省文化和宗教的影响。行省的政治地位显著提高，行省在帝国治理中所发挥的作用不断增强。

首先，从塞维鲁王朝开始，越来越多的元首来自罗马和意大利以外的行省，包括开始出现蛮族元首。赫洛迪安一共记载了十五位元首。其中来自行省的元首达七位[②]，占这些元首总数的47%。塞维鲁王朝的六位元首更是全部来自行省。[③]而在塞维鲁王朝之前的十六位元首中，图拉真和哈德良是唯二来自行省的元首，仅占12.5%。意大利人对元首之位的垄断局面显

---

① Olivier Hekster, *Rome and its Empire A.D. 193-284*, Edinburgh: Edinburgh University Press, 2008, p. 28.

② 分别是塞维鲁、安东尼努斯、盖塔、马克里努斯、埃拉伽巴路斯、亚历山大和马克西米努斯。

③ 塞维鲁、安东尼努斯和盖塔来自阿非利加。马克里努斯来自毛里塔尼亚。埃拉伽巴路斯和亚历山大来自叙利亚。

然已被打破。

元首出身的行省化主要源于元首来源阶层的变化和元首产生方式的改变。帝国前期，出身元老阶层是成为元首的首要标准。包括执政官和行省总督在内的高级军政官职亦被元老阶层垄断。而元老阶层在帝国前期又为罗马和意大利人所垄断。针对想进入元老院的行省公民，克劳狄曾颁布法令称："只有那些五代以上的祖先就已经是罗马公民的人才允许被选为元老。"[①]新近获得公民权的行省居民很难晋升元老阶层，而无法进入元老阶层自然也阻断了这些行省公民想要成为元首的步伐。但从二世纪末开始，情况有所不同。随着罗马军队不断加重对元首人选的干涉，无视元老院的意见随意废立元首，传统的元首晋升渠道很快被打破，元老阶层对元首的垄断自然也随之结束。一些来自行省的军事将领只需凭借自身的实力得到军

① Suetonius, *The Lives of the Caesars*, Vol. Ⅱ, Loeb Classical Library, Cambridge: Harvard University, 1914, *The Deified Claudius*, 24.1.

队的支持，即便尚未晋升元老阶层，也可直接成为元首。马克里努斯来自毛里塔尼亚的恺撒里亚行省[①]，曾在法庭供职[②]，后来成为安东尼努斯的军事长官，协助元首处理公务。后因与元首不合，马克里努斯便联合一些百夫长和保民官除掉安东尼努斯，自立为新元首。[③]马克西米努斯来自色雷斯的一个半蛮族部落，成年后被招入军中作为骑兵服役，逐级晋升后成为各行省军团的总指挥，负责训练新兵。之后，马克西米努斯利用自己在军队中的声望和士兵们对亚历山大的不满，杀掉亚历山大成为元首。[④]

另外，从塞维鲁王朝开始，元首们频繁前往行省和边境地区，长期驻留在行省料理军政事务。有些元首在位期间甚至从未到过罗马。元首对行省的关注程度显著上升。三世纪帝国局势动荡，蛮族频繁侵扰帝国边境，行省军事压力剧增。一些元首为保障帝国的

---

① Dio Cassius, *Roman History*, LXXIX. 11. 1.

② Herodian, *History of the Empire*, Ⅳ. 12. 1.

③ Herodian, *History of the Empire*, Ⅳ. 14. 2.

④ Herodian, *History of the Empire*, Ⅵ. 9. 5-6.

安全与稳定，在行省总督的请求下，通常亲自率领军队前往行省与蛮族作战。塞维鲁得知不列颠的蛮族起兵反叛后，加上他本人也“一直渴望能到不列颠建功立业”[1]，当即带着军队亲征不列颠。在得知萨珊波斯的国王亚达薛西正率领军队沿着底格里斯河横扫美索不达米亚平原后，亚历山大也曾亲临战场。[2]后来面对日耳曼人的进攻，亚历山大又率军远征日耳曼。[3]有时，元首为提高自己的声望、巩固统治，经常主动离开意大利，前往边境去征服邻近国家。[4]塞维鲁击败

---

① Herodian, *History of the Empire*, Ⅲ.14.2.

② Herodian, *History of the Empire*, Ⅵ.3.1.

③ Herodian, *History of the Empire*, Ⅵ.7.5.

④ 坎贝尔把公元一至三世纪的罗马元首发动对外战争的原因归纳为以下三个方面：一、元首这一职位本身即是军事力量的象征。从奥古斯都起，元首便被塑造成好战的形象。后来的一些元首为贴近这一形象、提高声望，便主动发动战争，追求军事荣誉。二、战争和军事在罗马文化中占据着重要地位。在罗马帝国，作战是一项高尚且必要的活动，永远不可能完全不受欢迎。三、在三世纪中叶以前，罗马帝国都有充足的实力支持元首对外扩张。元首在征服新的土地和民族时，通常不会陷入资金、补给和兵源短缺的困境，获胜的几率较大。参见 Brian Campbell, *War and Society in Imperial Rome 31B.C.-A.D.284*, p.12.

尼格尔和阿尔比努斯后，“不再满足于仅仅是在罗马内战中获胜，而是希望能打败蛮族，为自己赢得新的功勋与名望”[①]，便借口哈特拉国王巴尔塞米乌斯曾经援助过尼格尔，悍然出兵攻打哈特拉。[②]安东尼努斯继位后，一直渴望降服东方，得到“帕提库斯”的称号，便假借前去迎娶帕提亚国王的女儿的名义，率军偷袭帕提亚。[③]而且在帕提亚战争结束后，安东尼努斯也没有立刻返回罗马，而是一直逗留在美索不达米亚，“尽享赛车与狩猎的乐趣”[④]。马克西米努斯结束日耳曼战争后，也没有立刻前往罗马，而是先回到潘诺尼亚，在当地最大的城市西米乌姆养精蓄锐，等待第二年春天继续征战，“意在征服所有的蛮族部落，将

---

① Herodian, *History of the Empire*, Ⅲ.9.1.

② 坎贝尔认为塞维鲁分别针对尼格尔和阿尔比努斯所挑起的两次内战使罗马元气大伤，并招致罗马上层社会的强烈不满，所以塞维鲁需要发动一场能赢回支持率的对外战争。参见 Brian Campbell, *War and Society in Imperial Rome 31B.C.-A.D.284*, p.15.

③ Herodian, *History of the Empire*, Ⅳ.11.5-8.

④ Herodian, *History of the Empire*, Ⅳ.11.9.

罗马版图扩展至大洋之滨”[①]。直到元老院宣布马克西米努斯为国家公敌并正式对其宣战后，马克西米努斯才集结军队，准备攻入意大利。而在国内外局势较为稳定的时候，一些元首也热衷于巡视行省，以便更好地管理行省和监督驻扎在行省的军队，巩固自己的统治。[②]安东尼努斯在位期间，“并不喜欢待在罗马城”[③]，绝大部分时间内都在巡视各个行省。安东尼努斯启程离开意大利后，首先来到多瑙河畔，视察帝国北部的情况，料理当地的军务。巡视完北方的行省后，他又向南赶往色雷斯。离开色雷斯之后，安东尼努斯继续前往亚细亚，巡视各个行省，并且停留了很长一段时

---

① Herodian, *History of the Empire*, Ⅶ.2.9.

② 宋立宏认为元首往往会及时出现在需要他的行省中，一方面确保军队忠诚和督察地方官员之业绩，另一方面又通过兴修土木等形式满足臣民的要求。但他否认元首会主动出巡行省，认为元首一般只在紧急军事情况的迫使下出巡行省。他指出批复来自行省的申诉是元首了解行省要求、维持行省秩序的更日常、更重要的途径。参见宋立宏:《罗马帝国行省体系中的皇帝——以罗马不列颠为例》,《南京大学学报（哲学、人文科学、社会科学版）》，2006 年第 5 期，第 143 页。

③ Herodian, *History of the Empire*, Ⅳ.7.1.

间来处理行政事务。离开安条克之后，他又前往亚历山大里亚进行视察。[①]还有一些元首更是从未到过罗马。马克里努斯在亚细亚登上元首之位后，一直驻留在安条克，“过着奢靡的生活，沉迷于哑剧、韵律舞蹈等各类艺术表演”[②]，一直到被士兵杀死时都不曾抵达罗马。

三世纪前叶的一些元首亦深受行省文化和宗教的影响，包括一些元首的神化都带有浓重的行省宗教色彩。安东尼努斯在巡视帝国东部时，将自己视作亚历山大大帝的化身，要求各行省以各种形式纪念亚历山大，下令包括罗马城在内的所有城市都必须为亚历山大作画立像。“在罗马城的朱庇特神殿和其它神庙里，无不充斥着各类强调安东尼努斯与亚历山大之间的联系的画作。”[③]埃拉伽巴路斯在成为元首之前曾是神庙的祭司，侍奉腓尼基的太阳神。登上元首之位后，埃

① Herodian, *History of the Empire*, Ⅳ.7.1-9.8.

② Herodian, *History of the Empire*, Ⅴ.2.4.

③ Herodian, *History of the Empire*, Ⅳ.8.1.

拉伽巴路斯便竭力抬高腓尼基神的地位，同时贬低罗马传统神祇，“想废除罗马世界和整个世界的宗教仪式，希望所有人都崇拜埃拉伽巴路斯神”[①]。进入罗马城之前，埃拉伽巴路斯即命人将一副描绘有他作为祭司虔诚敬奉艾美塞内神的巨幅画像悬挂在元老院大厅的中央，“甚至高于胜利女神的塑像”[②]。他还指示所有罗马官员和负责公共祭祀的人，将新神的名字放在所有受奉祀的神祇之前。抵达罗马城后，埃拉伽巴路斯更是为新神建起神庙。每一日的黎明，元首都会率领元老、军事长官和罗马贵族们前往神庙为新神献祭。[③]与此同时，埃拉伽巴路斯极力打击罗马传统宗教的地位，对备受罗马人敬重的维斯塔贞女百般亵渎。维斯塔贞女作为女祭司，本受神律约束，须终身守贞。埃拉伽巴路斯却强行将一名维斯塔贞女带离神庙，并迎

① *Scriptores Historiae Augustae*, in three volumes, with an English translation by David Magie, Loeb Classical Library, Cambridge: Harvard University Press, 1921-1932, Ⅱ.5.7.

② Herodian, *History of the Empire*, Ⅴ.5.7.

③ Herodian, *History of the Empire*, Ⅴ.5.7-10.

娶其为妻子，甚至表示“男祭司与女祭司之间的结合不仅是适宜的，更是神圣的”[①]。元首还将深受罗马人崇拜的、本应秘密受奉在神庙里的帕拉斯神像运至自己的宫殿中，为帕拉斯神和埃拉伽巴路斯神举行婚礼。[②]

在元首的重视下，行省的政治地位在三世纪前叶迅速提升。而元首之所以越发重视行省，甚至常驻在行省处理军政事务，一方面在于这一时期的元首大多来自行省，本身对罗马城和意大利便缺乏归属感；另一方面在于并非经过传统晋升渠道上台的元首们急于去边境行省的战场上建功立业，借此巩固军队的支持和国家的认可。随着行省地位的上升，罗马和意大利的政治中心地位不可避免地开始出现动摇的趋势。“罗马城所占据的支配地位正在消失。帝国权力的所在地逐渐从中心（罗马城）向外围（边境地区和行军

---

① Herodian, *History of the Empire*, Ⅴ.6.2.

② Herodian, *History of the Empire*, Ⅴ.6.3.

路上的沿途城市）转移。”[①] 这一点在赫洛迪安的记述中体现得格外明显。相比于一、二世纪的作家在撰写罗马历史时，纷纷以罗马城和意大利为叙述重点，赫洛迪安在《罗马帝国史》中，则依据元首的行动路线，将大量篇幅用于记述在各个行省内所发生的历史事件。在赫洛迪安的笔下，围绕着元首的行省化，帝国中心明显朝向行省转移。

① Inge Mennen, *Power and Status in the Roman Empire A.D. 193-284*, Leiden: Brill, 2011, p.40.

埃拉伽巴路斯半身像，藏于意大利卡皮托利博物馆
——来源于维基百科

第二章

元首政治中的元老院

罗马元老院是元首政治中不可忽视的一环。就理论和法理上而言，元老院是帝国的最高权威。元首作为元老之首，应当与其他元老享有同等的地位，而非凌驾于元老院之上。帝国前期的元首们通常会主动表达对元老们的尊敬，保证元老们的安全，维持元老们的尊贵地位，尽力争取与元老院和谐相处。而对元老们来说，元首亦是可以接近和信任的。在与元首共同治理帝国的过程中，他们敢于提出自己的想法，甚至是与元首意见相左的观点。但在帝国后期，随着各项权力不断向元首集中，军队在政治舞台上的作用日渐凸显，元老院的地位逐渐下降，权力日益萎缩。在赫洛迪安的记载中，元首不再视元老为地位平等的合作伙伴，反而极力打压元老，但仍会利用元老院的权威来为自己的统治增添合法性。同时在元首的支持下，军队也逐渐凌驾于元老院之上，肆意侵犯元老院的权力。元老院日渐沦为元首和军队的“橡皮图章”。

第一节

元首与元老院的关系

随着元首权力的集中和元首出身的变化，元首和元老院之间的矛盾日益凸显。在赫洛迪安的笔下，元首不再视元老院为可以信任的合作伙伴，而是对元老院表现出明显的怀疑和敌意，肆意打压元老院，侵犯元老们的生命和财产安全。但鉴于元老院仍是罗马人民的代表，元首们为追求统治的合法性和获取更广泛的支持，仍会在继位之初争取元老院的认可、重视从元老院处获得荣誉。

首先，元首和元老院之间的关系日趋紧张。元首不再费心维持同元老院的和平相处，而是明显表现出对元老院的不信任，甚至敌视、仇恨元老院。赫洛迪安多次记述了元首对元老院的打压与迫害。康茂德的姐姐露西拉曾联合一些元老密谋刺杀康茂德。阴谋败露后，康茂德惩处了大批牵涉其中的元老，“从此将整个元老院都视作他的敌人”①。塞维鲁在争夺元首之位的过程中先后击败朱利安努斯、尼格尔和阿尔比努斯。他最终在高卢击败阿尔比努斯、稳固元首的地位后，便立刻返回罗马，对元老院大加痛斥，斥责元老们和尼格尔、阿尔比努斯往来密切。“每位元老都被控有一项罪名。有些来自东部的元老被控支持尼格尔，那些来自西部的元老则被指责与阿尔比努斯有染。所有著名的元老和行省的富有贵族们都被无情地处死。”②安东尼努斯在继位之初曾与弟弟盖塔共享元首权力。待他想方设法派人杀死盖塔、成为唯一的

① Herodian, *History of the Empire*, Ⅰ.8.7.

② Herodian, *History of the Empire*, Ⅲ.8.6-7.

元首后，他立刻以元老们曾经支持过盖塔为由，“彻底血洗元老院”[①]。“甚至连一些出身高贵或家产富裕的元老都被视作盖塔的朋友，而以莫须有的罪名被处决”[②]，被处决的还有“所有与前几任元首有着亲缘关系的人，或是出身于贵族家庭的元老”[③]。埃拉伽巴路斯成为元首后，处决了很多元老和贵族，“只因他们反对并嘲笑元首的生活方式”[④]。马克西米努斯上台后，“迅速铲除亚历山大所有的密友与同党，包括那些从元老院里挑选出的顾问。一些人被押送至罗马，另一些人则因各种理由被削去职位”[⑤]。由执政官马格努斯发起的叛乱被粉碎后，马克西米努斯对待元老院的态度更加残暴。“马克西米努斯没有给任何人公开辩解的机会，而是命人秘密逮捕并立刻处死所有他所怀疑

① Herodian, *History of the Empire*, Ⅳ.6.3.
② Herodian, *History of the Empire*, Ⅳ.6.2.
③ Herodian, *History of the Empire*, Ⅳ.6.3.
④ Herodian, *History of the Empire*, Ⅴ.6.1.
⑤ Herodian, *History of the Empire*, Ⅶ.1.3.

的对象。”[①]“许多行省或军队里的重要人物，如一些执政官或是战功显赫者，都因一些琐碎的小事而遭到放逐。马克西米努斯将这些人单独关押在马车中，不允许携带任何随从，令他们日夜穿行在帝国的东西部之间，或是从南方赶至潘诺尼亚的元首驻地，对其百般折磨后，再将其驱逐或处决。”[②]

在赫洛迪安看来，元首之所以极力打压元老院，主要出于以下两个原因。[③]首先，这一时期的元首绝大部分都由军队推选而出，情感上本就和元老院非常疏远，甚至对元老院怀有天然的敌意。加之出于指挥作战的需要，元首长期远离罗马城和意大利，逗留在行省和帝国边境，与元老院的接触更加稀少。元首经

---

① Herodian, *History of the Empire*, Ⅶ.1.8.

② Herodian, *History of the Empire*, Ⅶ.3.3-4.

③ 塔尔伯特将元首与元老院分歧的增大归纳为以下两点原因：一、元首大多数时候不在罗马。距离的遥远使得元首缺乏与元老院当面沟通的机会。二、元首有意神化自己，将自己的形象塑造成一个崇高、神圣的人物。这使得元首同元老院之间的平等沟通越发困难。参见【美】理查德·J·A·塔尔伯特:《罗马帝国的元老院》，第607页。

常担心元老院会反对自己和支持罗马传统贵族，从而将元老院视作站在对立面的敌人，而不再是可以合作的伙伴。出身蛮族的元首马克西米努斯“清楚自己是第一个从社会最底层升至元首之位的人，非常容易招致敌意，便企图将温和宽容的专制统治彻底改造为残酷无道的暴政”[①]。“他十分担心元老院和民众会轻视他，只在意他卑微的出身，而对他眼下的好运视而不见。”[②]“元首自己则只肯待在军队里，拒绝任何贵族接近，如同住在堡垒中一般，无需对任何人负责，又能随心所欲地实施暴政。”[③]这一点在新元首继位之初对元老院的清洗上也表现得格外明显。三世纪关于元首之位的斗争频繁。新元首在地位巩固后都会立刻除掉一大批之前支持竞争对手的元老。每一次元首更替都会导致大量元老伤亡。

另外在赫洛迪安看来，元首之所以对元老大肆迫

---

① Herodian, *History of the Empire*, Ⅶ.1.1.

② Herodian, *History of the Empire*, Ⅶ.1.2.

③ Herodian, *History of the Empire*, Ⅶ.1.3.

害，还意在攫取元老们的财富，满足自己对金钱的需求。康茂德曾在一次处决名单上写下所有资深元老的名字，并计划在事后将富人们的财产分发给士兵和角斗士，“以便自己既能受到士兵的保护，又能尽情观赏角斗士的表演”[①]。赫洛迪安在记述塞维鲁杀害元老的行为时直接指出：“塞维鲁此举假意是为复仇，其实是为攫取他们的财富。”[②]赫洛迪安对马克西米努斯的抨击更为尖锐：“法庭一接到密报就传唤被告密者，未经审讯便没收其所有财产。富裕之人转眼即变乞丐，已是司空见惯之事。马克西米努斯对财富的贪婪可谓前所未有，尽管他假称是为筹集军饷。”[③]狄奥亦直言塞维鲁在抢夺元老的财产、为自己积累财富的时候毫无仁慈可言[④]；其子安东尼努斯在位期间则将劫掠元老的财富视为自己最重要的任务[⑤]。

---

① Herodian, *History of the Empire*, Ⅰ.17.2.

② Herodian, *History of the Empire*, Ⅲ.8.7.

③ Herodian, *History of the Empire*, Ⅶ.3.2-3.

④ Dio Cassius, *Roman History*, LXXⅤ.8.4.

⑤ Dio Cassius, *Roman History*, LXXⅧ.9.1.

然而，值得注意的是，尽管元首和元老院之间的矛盾日益激化，关系日益恶劣，但由于元老院仍是民意的代表，拥有强大的号召力，并且在道义上具有天然的合法性，因此元首并不会完全无视元老院的存在。这一时期的元首在继位之初仍然会向元老院释放善意来为自己的权力增添合法性，在统治的过程中也会借助元老院所授予的荣誉来提高声望、巩固地位。

在元首制下，元首的权力来自于元老院与人民的授权。拥有元老院的认可是元首获得合法权力的重要标志。三世纪的元首绝大部分由军队拥立，而非经过传统程序合法获得统治权力，因此这些元首在继位之初都仍会向元老院示好，希望得到元老院的支持来为他们的统治披上一层合法的外衣。[①] 佩蒂纳克斯刚被推

---

① 塔尔伯特指出元老院作为超越个别统治者的重要国家制度，仍被承认为共和的象征。每位元首登基时都寻求元老院的认可和支持。元老院因继续享有授予荣誉的权力和继续定期执行广义上的立法、宗教、外交以及司法职能，从而避免了迅速落入无足轻重的地位。参见【美】理查德·J·A·塔尔伯特:《罗马帝国的元老院》，第605页。

举为元首时，拒绝由圣火开道，也不肯佩戴任何象征元首的徽章配饰。直至他探明元老院的态度，得到元老院的一致肯定后，他才同意登上元首之位。①塞维鲁进入罗马城后便前往元老院宣称要恢复贵族统治，“重新开启贵族统治的时代，未经审讯便被处死或没收财产的惨案将不再上演，告密者也将无处容身”②，由此获得大多数元老的支持，“令大部分元老心悦诚服，相信他的承诺”③。狄奥亦记载塞维鲁进入罗马城后，便承诺不会处死任何一名元老，并规定任何破坏这一誓言的元首或其他人都将被视作国家公敌。④亚历山大继位后，挑选出十六位德高望重、生活节制的元老组成元首顾问团。元首的任何公开言行都需经过顾问团的同意。“元首统治从高压专制的暴政转变为贵族政体，赢得民众、士兵与元老院的一致拥护。”⑤

---

① Herodian, *History of the Empire*, Ⅱ.3.2.

② Herodian, *History of the Empire*, Ⅱ.14.3.

③ Herodian, *History of the Empire*, Ⅱ.14.4.

④ Dio Cassius, *Roman History*, LXX Ⅴ.2.1.

⑤ Herodian, *History of the Empire*, Ⅵ.1.2.

马克里努斯接任元首后亦给元老院写信，称自己在做出任何决策之前都会首先征得元老院的同意："在管理帝国的过程中，你们都是我的伙伴与顾问，亦将得享安全与自由。"[①]

另外，授予元首荣誉是元老院一直拥有的一项非常重要的权力，包括为建功立业的元首授予荣誉头衔和举行凯旋式等纪念活动，或是通过树立雕像、绘制画像来表彰元首的功绩，或是安排元老在元首回到罗马城时前去迎接元首。[②]这些荣誉的授予对三世纪前叶的元首而言依旧是必要的。三世纪内外战争频繁，很多元首在取得战争的胜利后，都会立刻向元老院通报战况，以期获得由元老院所授予的军事荣誉，并借助这些荣誉来增强自己的权威，进一步巩固自身的统治。塞维鲁击败帕提亚人后，便向元老院与罗马民众

---

① Herodian, *History of the Empire*, V.1.8.

② 塔尔伯特认为全部元首在需要获得荣誉时，都曾提交过提案供元老院审批，而非自行授予自身荣誉。参见【美】理查德·J·A·塔尔伯特:《罗马帝国的元老院》，第438页。

通报这一战果，并要求元老院将他的战功描绘成画像作公开展示。元老院亦同意授予他所有荣誉，并颁布法令赐予他“民族征服者”的头衔。[①]安东尼努斯偷袭帕提亚后，派人给元老院和罗马民众送去捷报，声称自己已降服整个东方，“美索不达米亚以东的所有王国都已臣服于他”[②]。随后，元老院表决通过授予安东尼努斯完整的凯旋式。[③]马克西米努斯赢得日耳曼战争后，派人将此次大捷和他个人的英勇表现通报给元老院和罗马民众，并下令将他远征的过程绘制成巨幅画像挂在元老院之外，以供罗马人瞻仰他的丰功伟绩。[④]此外，当元首从行省或边境回到罗马城时，元首通常会要求元老院安排代表前去迎接自己，以向罗马民众展示元老院对元首的认可和尊崇。康茂德返回罗马城时，“元老们纷纷跑到城外很远的地方去迎接

---

① Herodian, *History of the Empire*, Ⅲ.9.12.
② Herodian, *History of the Empire*, Ⅳ.11.8.
③ Herodian, *History of the Empire*, Ⅳ.11.9.
④ Herodian, *History of the Empire*, Ⅶ.2.8.

他，手持桂冠与大束鲜花”[①]。塞维鲁每次结束战争回到罗马城时，元老们都会和平民一起手持月桂枝条向他致敬。[②]安东尼努斯和盖塔一同抵达罗马城时，“全体元老都来到现场以示问候”[③]。

由于各项权力都已逐渐集中到元首手中，元首已不愿继续同元老院保持平等合作的关系，而是更倾向于与元老院建立一种统治与被统治的新关系。这一时期的元首通常会公开表现出对元老院的仇恨，甚至对元老们进行恐吓与迫害。但作为元首政治中的重要因素和共和的象征，元老院在这一时期仍在帝国局势的变幻中发挥作用，并且在平民之中有着强大的号召力。于是，三世纪前叶的元首一方面对元老院表现出极度的排斥和不信任，另一方面又经常借助元老院的权威来表示自己对共和传统的尊重，巩固自己的统治。

---

① Herodian, *History of the Empire*, Ⅰ.7.3.

② Herodian, *History of the Empire*, Ⅱ.14.1.

③ Herodian, *History of the Empire*, Ⅳ.1.3.

因此，从赫洛迪安的记述中可以清楚地看到，元老院在帝国后期的衰落并非是迅速发生的，而是有一个缓慢的变化过程。[①]

① 塔尔伯特指出必须要以谨慎的态度对待元老院在元首制时期的衰落过程。试图确定国家或公共机构发展过程中单一的“转折点”只能是刻意掩盖变化的缓慢与复杂。参见【美】理查德·J·A·塔尔伯特:《罗马帝国的元老院》，第607页。

塞维鲁半身像

——来源于维基百科

第二节

元老院与军队的关系

同元老院一样，罗马军队亦是元首政治中极为重要的角色。在赫洛迪安的笔下，两支力量围绕着元首不断展开较量。军队在元首的支持下，不断干涉元老院权力的行使，并同样对元老院表现出较深的敌意。而元老院面对军队的挑战和蔑视，则表现出明显的畏惧和服从，因而无法发挥任何有效的监督作用。

在赫洛迪安的笔下，这一时期的军队明显无视元老院的权威，恣意侵犯元老院的各项权力。士兵们推选出想要拥立的元首人选后，直接授予对方与元首相关的各种头衔和称号，完全无视元老院的态度和意见。尼格尔在安条克召开集会表明自己将争夺元首之位的意图后，所有士兵“立刻大声欢呼，尊称尼格尔为元首和‘奥古斯都’，将象征元首的紫袍披在他身上，为他备齐所有临时制成的象征元首身份的徽记，甚至准备好圣火为他开道”[①]。“此时他的私人住宅俨然已经成为元首的宫殿，到处都装饰着官方的徽记。”[②]塞维鲁赢得伊利里亚驻军的支持后，也立刻被士兵们欢呼为“奥古斯都”和“佩蒂纳克斯”。[③]马克西米努斯尚未得到元老院的任命，便身披元首紫袍，被士兵们高呼为“奥古斯都”。[④]戈尔迪安在利比亚被军队和平民推举为元首后，立刻享有元首的待遇。“护送戈尔迪安的元首护卫队由当地驻军和高大威猛的青年组成。月桂枝条装饰着法西斯。亦有圣火在前方开

① Herodian, *History of the Empire*, Ⅱ.8.6.

② Herodian, *History of the Empire*, Ⅱ.8.6.

③ Herodian, *History of the Empire*, Ⅱ.10.9.

④ Herodian, *History of the Empire*, Ⅵ.8.5.

道。”[①] 此外，出于对元老院的轻视和不满，士兵们通常会对由元老院选出的元首充满敌意，并寻找各种机会谋害这些元首。元老院为反抗马克西米努斯，推选出巴尔比努斯和马克西姆斯两位新元首。马克西米努斯死后，士兵们“不满自己拥戴的元首战败，而由元老院推选出的元首却成为赢家”[②]，最终找到机会闯进宫殿抓住两位元首，“尽情鞭打、嘲讽两位元首，刮掉他们的胡须和眉毛，割伤他们的躯体，拖着二人穿过罗马城来到兵营”[③]，对两位元首百般折磨后再杀掉他们，并将元首们的尸体抛弃在路旁，以发泄心中对元老院的愤怒。

“公敌宣告”本是元老院的一项重要权力。元老院有权将暴虐无道、威胁帝国安全、蔑视元老院的元首宣布为国家公敌，剥夺其全部荣誉，甚至在其死后

---

① Herodian, *History of the Empire*, Ⅶ.6.2.

② Herodian, *History of the Empire*, Ⅷ.7.3.

③ Herodian, *History of the Empire*, Ⅷ.8.6.

对其进行除名毁忆[1]，借此监督、震慑继任元首。但在安敦尼王朝之后，公敌宣告逐渐沦为元首打击政敌、清除异己的工具。军队无需经过元老院，便在元首的示意下直接将元首的竞争对手宣布为国家公敌，来为他们击败对方找到合理合法的借口。元老院的权力由此受到极大的侵犯。塞维鲁击败尼格尔后，本想秘密除掉阿尔比努斯。阴谋败露后，塞维鲁便决定出兵征讨阿尔比努斯。在塞维鲁的鼓动下，士兵们直接宣布阿尔比努斯为国家公敌。[2]安东尼努斯设法除掉弟弟盖塔后，利用丰厚的酬劳赢得禁卫军的支持。在巨额财富的诱惑下，禁卫军迅速尊安东尼努斯为帝国唯一

① “除名毁忆”是指罗马人针对叛国者或所谓“国家公敌”的各式各样的毁坏名誉行为。遭到“除名毁忆”者不仅从身份上被驱逐出公民社会，而且在灵魂和精神层面上被国家遗忘、抛弃和诅咒。名字和头衔被从所有的官方名录中删除；塑像被清除，其人像面具不得出现在任何贵族的葬礼上；由其创作的书籍被没收或焚毁；生前的宅邸也会被夷为平地。参见熊莹:《“除名毁忆”与罗马元首制初期的政治文化——以公元 20 年的皮索案为例》,《历史研究》，2009 年 6 月第 3 期，第 138 页。

② Herodian, *History of the Empire*, Ⅲ.6.8.

的元首，并宣布盖塔为国家公敌。[①]有时，军队无视一些元首已被元老院宣布为国家公敌，反而重新纪念这些元首。鉴于康茂德的残酷统治和不得人心，元老院曾在康茂德死后将其宣布为国家公敌，并对其进行除名。而禁卫军在拥立朱利安努斯为元首时，却公然在朱利安努斯的家族名和氏族名之外增添上康茂德的名字，并升起绘有康茂德肖像的旗帜。[②]军队滥用公敌宣告这一权力显然是对元老院的极度蔑视。元老院的威信荡然无存。

随着元首对军队的依赖加深，军队的权势不断扩大。而在面对来自军队的敌视和对各项权力的侵犯时，元老院表现出明显的畏惧心理，无力反抗军队和受军队支持的元首，通常只能接受和执行军队的决定。元老院的权力不断萎缩，地位进一步下降。

当军队侵犯元老院任命元首的权力、随意废立元首时，元老院通常只能选择接受军队的推选结果，极

① Herodian, *History of the Empire*, Ⅳ.4.8.

② Herodian, *History of the Empire*, Ⅱ.6.11.

少会选择反抗军队。禁卫军杀死佩蒂纳克斯之后，站在城墙上公开叫卖元首之位。元老院没有人敢出面阻拦或是控诉禁卫军的弑主罪行。元老们或是选择“不参与这非法肮脏的帝国交易”[①]，或是“搬到尽可能远离罗马的住处，以免在新政权建立后遭到迫害”[②]。在塞维鲁和其军队的威慑下，元老院“迅速选择废黜朱利安努斯，任命塞维鲁为帝国唯一的元首，授予塞维鲁所有荣誉和‘奥古斯都’的称号”[③]。元老院得知军队已杀掉马克里努斯、另立埃拉伽巴路斯为新元首时，“都十分沮丧失望，但也只能被迫接受军队的决定”[④]。公敌宣告本是元老院用来惩罚、震慑和监督元首的有力工具。但当军队越过元老院直接使用公敌宣告的权力时，元老院通常只能屈服于军队。在塞维鲁和阿尔比努斯的斗争过程中，尽管大部分元老都更支持贵族出身的阿尔比努斯成为元首，也曾私下写信

① Herodian, *History of the Empire*, Ⅱ.6.5.

② Herodian, *History of the Empire*, Ⅱ.6.3.

③ Herodian, *History of the Empire*, Ⅱ.12.6.

④ Herodian, *History of the Empire*, Ⅴ.5.2.

催促他尽快赶到罗马夺取元首之位，但在塞维鲁和军队的逼迫下，元老院仍然只能同意将阿尔比努斯视作国家公敌。[①]公敌宣告的权力完全被元首和军队玩弄于股掌之间。当元首和军队无视国家利益，完全为满足个人需求而进行决策时，元老院也无力反对。当安东尼努斯和盖塔宣称要带着各自的军队以普罗彭提斯海峡为界线分治帝国，并声称元老院也须一分为二，“来自欧洲的元老仍须留在罗马，出身东方的元老则须跟随盖塔”[②]时，元老们“面露难色，但又只能点头称是”[③]。在赫洛迪安的记载中，元老院仅有一次主动对抗过元首和军队，并得到意大利和许多行省的大力支持。元老院不堪马克西米努斯暴政的折磨，同时又受到利比亚起义的鼓舞，便鼓起勇气宣布剥夺马克西米努斯的一切荣誉，将“奥古斯都”的头衔授予戈尔迪安和他的儿子，并公开鼓动各行省一起反对马

① Herodian, *History of the Empire*, Ⅲ.5.2-6.8.

② Herodian, *History of the Empire*, Ⅳ.3.6.

③ Herodian, *History of the Empire*, Ⅳ.3.8.

克西米努斯。[①] 戈尔迪安死后，元老院迅速选出两位新元首，正式向马克西米努斯宣战。[②] 为围困马克西米努斯及其军队，元老院“下令封锁意大利境内的所有道路，紧闭所有城市的城门”[③]，“派出前任执政官和各地代表，确保海岸与港口的封锁，不允许任何船只进出”[④]，最终令马克西米努斯和他的军队成为瓮中之鳖。[⑤]

元老院作为曾经最为强大的共和因素，在赫洛迪安的笔下却呈现出完全受制于军队的局面。一方面，军队中骑士阶层的比例越来越高。元老阶层逐渐脱离军队。以骑士阶层为主体的军队本身即对元老院所代表的传统阶级秩序充满敌意。另一方面，元首在这一

---

① Herodian, *History of the Empire*, Ⅶ.7.2-4.

② Herodian, *History of the Empire*, Ⅶ.10.2.

③ Herodian, *History of the Empire*, Ⅷ.5.4.

④ Herodian, *History of the Empire*, Ⅷ.5.5.

⑤ 塔尔伯特一方面透过发生在238年的这一事件肯定元老院仍能在帝国危机中展示出胆量与崇高理想，另一方面又指出在238年之后，元老院同元首的冲突加剧到前所未有的规模。元老院的地位最终变得无足轻重。参见【美】理查德·J·A·塔尔伯特:《罗马帝国的元老院》，第608页。

时期更加依赖军队而不是元老院。元首一边极力打压元老院，一边抬高军队的地位。[①] 塞维鲁王朝的元首们往往“将安全的希望寄托在自己军队的强大，而不是同盟同僚的好意”[②]。元首和军队经常一起侵犯元老院的权力。得到元首的授意和支持后，加之财富与特权的诱惑，士兵们便更加肆无忌惮地挑战元老院的权威，尤其集中地表现在对元首人选的废立上。三世纪前叶的元首在获得军队的承认后即可继位。元老院的授权已然沦为后续的程序和形式上的补充。[③]

---

① 苏贝恩指出从塞维鲁王朝开始，元首无需再依靠元老院来巩固自己的权力，而是只需控制住军队和提升骑士阶层的地位。参见 Pat Soutbern, *The Roman Empire from Severus to Constantine*, London: Routledge, 2011, p. 41.

② Dio Cassius, *Roman History*, LXX Ⅴ. 2. 3.

③ 塔尔伯特将元首人选的选择归纳为两种情况：一是由前任元首点名任命，二是由军队在背后支持。塔尔伯特认为无论是这两种情况里的哪一种，元老院都无法使用否决权。元老院只能在法律和形式上拥有授予元首之位的职能。参见【美】理查德·J·A·塔尔伯特:《罗马帝国的元老院》，第 426 页。坎贝尔认为元老院授权这一步骤实际上已经被取消。元首一旦获得军队的支持，便可立刻登位。元老院没有能力拒绝由军队推选出的元首人选。参见 Brian Campbell, *War and Society in Imperial Rome, 31 B.C.-A.D. 284*, p. 109。

罗马特雷维喷泉处刻有 SPQR（意思为罗马元老院与人民）的柱子
——来源于维基百科

第三章 元首政治中的军队

从小山国到大帝国，军队在罗马的崛起与扩张过程中发挥了无可取代的作用。对外，军队为罗马开疆辟土、四处征伐。对内，军队为罗马守卫边界、镇压暴动。在元首政治中，军队亦占据着举足轻重的地位。军队一直是元首维持权力的重要保障。自二世纪末期起，伴随着元首权力的集中和元老院地位的衰落，元首开始借助金钱、特权和个人权威专心谋求军队的支持。同时，军队内部的行省化与蛮族化速度明显加快，对三世纪的元首政治造成重大影响。

第一节

元首与军队的关系

在整个帝国时期，军队都是干预元首交接和继承的主要势力。元首与军队之间紧密依存、相互需要。军队是元首获得和维持统治权力的支柱，元首是军队的收入与特权的来源。帝国前期的元首通常能够较为有效地控制军队，维持军队的纪律，将军队作为维护自身统治的重要工具。而在赫洛迪安的笔下，从二世纪末期开始，军队在物质利益的驱动下，对元首立废的干预表现得放肆、残暴。越来越多的元首“只是因为得到兵士的欢心才取得统治权”[①]。

赫洛迪安一共记载了十五位元首的统治过程。从这些元首上台的方式和结束统治的原因来看，军队在立废元首的过程中起着主导性的作用（参见表1）。经过统计，有八位元首是在军队的支持之下登上元首之位。有十位元首死于军队之手。而其中有六位元首由军队推选出来，又被军队所杀害。元首不仅能够凭借军队的拥戴成为元首，也随时都有可能会被军队夺走元首之位和身家性命。这一时期的罗马军队对元首来说，开始变成一个不得不依赖的对象、但又时刻存在的巨大威胁。元首为获取支持、消除其他威胁，一边极力讨好军队、满足军队对金钱和特权的需求，一边加强个人权威，提高自身在军队中的声望。

① 【美】罗斯托夫采夫:《罗马帝国社会经济史》(下册)，第675页。

表 1　161—244 年罗马元首立废原因概览

历史阶段	元首	统治年限	拥立者	统治结束原因
安敦尼王朝	马尔库斯·奥勒留	161—180	收养继承	自然死亡
	康茂德	180—192	父子继承	宫廷阴谋
	佩蒂纳克斯	193	禁卫军和元老院	被禁卫军杀害
	朱利安努斯	193	禁卫军	被军队杀害
塞维鲁王朝	塞维鲁	193—211	伊利里亚驻军	自然死亡
	安东尼努斯	211—217	父子继承	被马克里努斯谋害
	盖塔	211	父子继承	被安东尼努斯谋害
	马克里努斯	217—218	军队推举	被军队杀害
	埃拉伽巴路斯	218—222	叙利亚驻军	被禁卫军杀害
	亚历山大	222—235	表兄弟继承	被军队杀害
军事混乱时期	马克西米努斯	235—238	军队推举	被军队杀害
	戈尔迪安一世	238	阿非利加驻军和行省民众	死于内战
	巴尔比努斯	238	元老院	被禁卫军杀害
	马克西姆斯	238	元老院	被禁卫军杀害
	戈尔迪安三世	238—244	禁卫军	死于士兵暴动

对元首来说，利用金钱获取士兵的支持是最快速且有效的方式。[①] 新任元首在继位之初向军队分发赏金是极为常见的做法。康茂德刚继任时，曾在元老们的陪同下，前往军营赏赐士兵，试图通过慷慨的赠礼快速赢得军队的效忠。[②] 另外，元首通常会在领兵出征前赏赐军队，以鼓舞士气。亚历山大亲临东方战场之前，先向士兵们发放大量赏金，再命令军队做好一切出征准备。[③] 马克西米努斯决定攻入意大利时，也承诺会将罗马元老和意大利贵族们的财产全部分发给士兵们。[④] 有时若遇上战事不顺，元首也会通过许诺酬劳来重振士气。马克西米努斯的军队在攻打阿奎莱亚城的过程中，因久攻不下而日渐士气低落。马克西米努斯和其子便骑马绕城一周，不断向攻城的士兵们

① 坎贝尔把元首向士兵提供的薪酬分为三类，分别是支付日常薪资、分发战利品或赠礼和提供退役酬金。参见 Brian Campbell: *The Emperor and the Roman Army 31B.C-A.D.235*, p. 8.

② Herodian, *History of the Empire*, Ⅰ.5.1.

③ Herodian, *History of the Empire*, Ⅵ.4.1.

④ Herodian, *History of the Empire*, Ⅶ.8.8.

许诺丰厚的奖赏与酬劳，激励他们坚持作战。[①]

然而，利用金钱所获取的支持并不可靠，只能起到暂时稳定军队的作用。一旦元首给予的财富无法满足军队的贪欲，军队就会抛弃元首、另寻他人。来自元首的丰厚馈赠使得军队变得愈发贪婪腐化，并不断干预政治以谋求更多的利益。这一点在军队控制元首废立上表现得尤为明显。禁卫军闯入宫中杀死佩蒂纳克斯之后，公然叫卖元首之位，“承诺将统治权交予出价最高的那个人，并会将他安全地武装护送至宫殿”[②]。很快，禁卫军就被朱利安努斯所承诺的巨额赏赐和各项特权打动，将他推举为新任元首。赫洛迪安将禁卫军拍卖元首之位这一举动视作军队堕落腐化的开端，并直言帝国会陷入混乱无序的局面的主要原因即是士兵们欲壑难填、贪婪成性，对元首毫无敬意。“日益膨胀的贪欲和对权力的蔑视使士兵们开始走上

① Herodian, *History of the Empire*, Ⅷ.4.9.

② Herodian, *History of the Empire*, Ⅱ.6.4.

杀害元首的不归路。”[1]狄奥则更加尖锐地指出，朱利安努斯是在“向士兵们乞求获得统治罗马人的权力”[2]。而当禁卫军发现他们一直被朱利安努斯所蒙骗、后者根本没有足够钱财来兑现诺言后，立刻选择抛弃元首，并公开嘲讽元首邪恶淫荡、耽于声色。[3]安东尼努斯本是和弟弟盖塔一同统治帝国，而士兵们也都声称兄弟二人是平等的，应一同接受军队的效忠。[4]之后，安东尼努斯用计除掉盖塔，并前往禁卫军兵营寻求军队的支持，承诺赏赐给每个士兵2500阿提卡德拉马克和增加五成薪金。禁卫军立刻在钱财的诱惑下，承认安东尼努斯为唯一的元首。赫洛迪安直言：“即便士兵们逐渐知晓宫中惨案的真相，他们也更加青睐这丰厚的赏赐。”[5]腓尼基的驻军之所以愿意拥戴埃拉伽巴路斯为元首，名义上是因为发现埃拉伽巴路斯是

---

① Herodian, *History of the Empire*, Ⅱ.6.14.

② Dio Cassius, *Roman History*, LXXⅣ.11.2.

③ Herodian, *History of the Empire*, Ⅱ.7.2.

④ Herodian, *History of the Empire*, Ⅲ.15.5.

⑤ Herodian, *History of the Empire*, Ⅳ.4.8.

安东尼努斯的私生子，实则是看中玛伊萨的财富。埃拉伽巴路斯的外祖母玛伊萨许诺若士兵们答应拥戴她的家族获得罗马的统治权，她就将所有财产都献给军队。[①] 军队推翻亚历山大的统治的一个重要原因即亚历山大的个人财富即将耗竭，继续跟随他已经无利可图，而马克西米努斯则表示会将士兵们的薪饷翻倍。[②]

除赠予大量金钱之外，元首们还会给予士兵各种特权来进一步笼络他们。塞维鲁成为元首后，不仅提高士兵们的酬劳，而且给予军队大量特权，包括允许佩戴金戒指、准许返回家中与妻子同住等一系列“破坏军纪、影响备战的行为”[③]。赫洛迪安尖锐地批评塞维鲁是“第一个反对士兵艰苦朴素、严守军令的元首，总是教导士兵们如何贪婪腐化、奢侈堕落”[④]。而面对试图加强军队纪律、取消军队特权的元首，士兵们则会很快兴起反叛之意。佩蒂纳克斯登上元首之

① Herodian, *History of the Empire*, Ⅴ.3.11.

② Herodian, *History of the Empire*, Ⅵ.8.4.

③ Herodian, *History of the Empire*, Ⅲ.8.5.

④ Herodian, *History of the Empire*, Ⅲ.8.5.

位后，迅速整顿军纪，严禁士兵们掠夺和破坏他人财产，禁止他们携带战斧和攻击平民。这些严格的军纪管理很快就引起军队的不满。在士兵们看来，“这是对他们的侮辱和对他们滔天权势的终结”[①]。于是禁卫军便密谋除掉佩蒂纳克斯，另立一个能容许他们为所欲为的元首。[②]显而易见，自二世纪末期起，元首与军队之间长久以来所建立的相互依赖的关系已被打破。军队对元首的支持和保护已完全建立在元首能否为自身提供足量的金钱和特权之上。“士兵们已不愿再承担任何艰苦的任务，并彻底放弃各方面的训练。他们不愿见到使用强硬手腕来统治自己的元首，而是希望能够没有限度地获得一切东西，并且无需承担任何任务。”[③]一旦士兵们认为现任元首无法满足自己对财富和特权的需求，他们便会立刻寻找新的合适人选，甚至有可能会挑起内战。

---

① Herodian, *History of the Empire*, Ⅱ.4.4.

② Herodian, *History of the Empire*, Ⅱ.5.1.

③ Dio Cassius, *Roman History*, LXXⅨ.28.1.

与此同时，元首在军队中的威望也是获取军队支持和巩固统治的重要因素。自二世纪末期以来，内外战争频繁，元首经常需要亲自指挥战争。“元首作为军事领袖和战争中的指挥官的角色变得更加重要。”[①]元首是否具备丰富的作战经验和高超的指挥艺术、是否能同士兵们保持友好平等的关系对他们的统治来说变得格外重要。马克西米努斯取代亚历山大登上元首之位后，立刻发动对日耳曼的战争，希望能凭借强壮的体魄与丰富的军事经验，以实际行动来巩固名声和获取士兵的支持。[②]

一些元首非常重视同士兵们友好平等地交往，令士兵们觉得元首亦是他们之间的一员，值得他们的信任和支持。塞维鲁在进军罗马的途中与士兵们同甘共苦，住在简易的帐篷中，吃喝都与部下无异，没有一丝元首的架子，由此赢得士兵们的加倍爱戴，“在执

---

① Brian Campbell, *War and Society in Imperial Rome*, p.119.

② Herodian, *History of the Empire*, Ⅶ.1.6.

行任务时更加充满干劲”[①]。安东尼努斯在北部行省处理军务时，一直和士兵们同吃同住，并宣称“更愿意与军队中最穷苦的人一起生活”[②]。“元首的餐桌十分简朴，有时甚至只用木质餐具进餐或饮酒。他经常食用当地提供的任何面包，或亲手打磨谷物，用炭火烘烤糕点。”[③]在行军过程中，安东尼努斯很少乘车或骑马，大部分时间里都是与士兵们一起负重徒步前进，并依照军团士兵的标准来装备自己，“戴上沉重繁多的金饰，就连最强壮的士兵都难以承受其重量”[④]。在赫洛迪安看来，安东尼努斯即是凭借极高的军事素养和强健的体魄深得士兵的崇拜。[⑤]安东尼努斯死后，士兵们极度悲愤，认为自己不仅失去一位元首，更是失去一位同伴和兄弟。[⑥]在行军途中或是战场上，元首们

① Herodian, *History of the Empire*, Ⅱ.11.2.
② Herodian, *History of the Empire*, Ⅳ.7.6.
③ Herodian, *History of the Empire*, Ⅳ.7.5.
④ Herodian, *History of the Empire*, Ⅳ.7.7.
⑤ Herodian, *History of the Empire*, Ⅳ.7.7.
⑥ Herodian, *History of the Empire*, Ⅳ.13.7.

经常身先士卒，为士兵们树立榜样。当塞维鲁带着军队在恶劣的天气里穿越崇山峻岭时，他总是坚持顶着雨雪前进，为士兵们树立顽强勇敢的榜样，激励士兵们主动克服艰难困苦。[①]安东尼努斯每当遇到开挖壕沟、架设桥梁或填平深渠的任务时，就会拿着铁锹冲到最前方。[②]马克西米努斯在训练士兵的过程中，经常亲自披挂上阵以激励军队。[③]

而一些缺乏军事能力、或是只顾自己贪玩享乐的元首则很快会被军队抛弃。马克里努斯继位后，一直停留在安条克过着奢靡放纵的生活，既不肯返回罗马，也没有及时妥善安置之前跟随安东尼努斯在帝国东部作战的军队，导致士兵们在战争结束后仍需住在罗马境外的军帐中忍饥挨饿。很快，士兵们就开始疯狂地谴责马克里努斯，“想找到一个不起眼的理由解决掉这个麻烦”[④]。亚历山大在指挥迎击萨珊波斯人的

① Herodian, *History of the Empire*, Ⅲ.6.10.

② Herodian, *History of the Empire*, Ⅳ.7.4.

③ Herodian, *History of the Empire*, Ⅶ.1.6.

④ Herodian, *History of the Empire*, Ⅴ.2.6.

战争中失误连连，使得罗马军队折损惨重，引起士兵们的强烈不满，指责元首疏忽怯懦、背弃同伴。[①]之后在日耳曼战争中，亚历山大又试图破财消灾而不愿冒险开战，承诺将满足日耳曼人的一切要求，更是令士兵们极度失望。[②]

对二世纪末期和三世纪前叶的元首来说，军队既能保护自己和支持自己得到统治大权，又时刻在对自己的统治构成威胁。“如何与一支政治实力强大但又缺乏政治意识的军队建立忠诚友善的关系成为元首的当务之急。”[③]因此，元首们一边试图通过加强个人权威来控制军队，一边又利用金钱和特权来讨好军队。但这种关系显然是不稳定的。元首并没有对军队实施行之有效的管理，又无法永无止境地满足军队的需求。一旦元首的财力耗尽、威望受损，军队的支持和忠诚就会随之消失。“掌握武力的士兵们一旦习惯

① Herodian, *History of the Empire*, VI.6.3.

② Herodian, *History of the Empire*, VI.7.9-10.

③ Brian Campbell, *War and Society in Imperial Rome*, p.112.

于蔑视他们的统治者，就会恣意妄为无法无天，同时也时刻准备使用武力，对付赐予自己这项权力的那个人。”[①] 很快，罗马军队便从保障国家安全与稳定的角色堕落成掀起内战、制造混乱的源头。

① Dio Cassius, *Roman History*, LXXX.17.1.

罗马建城塑像

——莫凡 2017 年 7 月摄于罗马

第二节

军队的行省化与蛮族化

三世纪前叶的罗马军队不仅以元首为核心加深了与各支政治力量的联系，其内部结构亦发生了显著的变化。行省化和蛮族化成为这一时期罗马军队的突出特征。一方面，军队中行省公民的比例快速上升，军队与行省日渐成为一个整体。另一方面，蛮族借助战争大量涌入罗马军队，且凭借军功逐渐融入罗马统治阶层。军队的行省化和蛮族化趋势对三世纪的元首政治带来重大的影响。

帝国早期，常备军由罗马军队和行省驻军组成。罗马军队以禁卫军为核心，另外还有城市大队和消防队。禁卫军作为元首卫队，主要负责保护元首及其家庭成员。禁卫军的成员主要从意大利内部招募。行省驻军包括军团和辅军。由于只有罗马公民才有资格进入军团，因此军团士兵大多为来自意大利的公民。辅军则是从行省当地的居民中召集。可见，帝国前期的罗马军队显然以意大利人为主。起初，罗马军团只驻扎在有防御需要的边境行省。士兵们绝大部分时间都生活在兵营里，在军事区内进行日常操练和执行军事任务，极少会和行省居民所在的生活区有所交集。因此，军队与行省民众的接触极少。但从塞维鲁王朝开始，军队中行省公民的数量进一步上升。同时，军队与行省的关系日益紧密。军队开始倾向于维护行省的利益。[①]

① 宋立宏认为元首制时期的罗马军队经历了两个重要变化。一是兵源募选日益本土化。二是行省驻军日益定居化。参见宋立宏:《行省中的罗马军队——以罗马不列颠为中心》,《古代文明》，2008 年第 3 期，第 29 页。

首先，罗马军队的兵员构成在这一时期逐渐行省化。由于意大利人逐渐变得不愿从军，开始逃避兵役，导致兵源日益不足。加之公民权的逐渐扩大，越来越多的行省居民开始得到公民权。因此，行省公民开始代替意大利人在军团中服役。行省居民在行省驻军中的比例越来越高。与此同时，在禁卫军中也出现明显的行省化趋势。塞维鲁成为元首后，“废除了只从意大利、西班牙、马其顿和诺里库姆挑选贴身侍卫的常规做法，下令任何职位的空缺应该由所有军团出身的人填补”[①]。赫洛迪安详细记载了塞维鲁对禁卫军的改组。塞维鲁率军进入罗马城后，以为佩蒂纳克斯复仇的名义，将原有的禁卫军全部驱逐出罗马城，再从伊利里亚士兵中挑选出一批士兵组成新的禁卫军，并赐给新的禁卫军大量赠礼。[②]从此，禁卫军的队伍中开始充斥着大量行省士兵。“城中满是繁杂的士兵。

① Dio Cassius, *Roman History*, LXXV.2.4.

② Herodian, *History of the Empire*, Ⅱ.13.1-14.5.

他们外表骇人，言谈恐怖，交流粗鄙。”[①]禁卫军的行省化主要与元首的行省化有关。这一时期的元首大多出自行省，或曾经担任过行省总督，或曾经是行省驻军的指挥，与行省军团的感情十分深厚，并且大多是在行省军团的支持下成为元首，自然更愿意由行省士兵贴身护卫自己。

另外在这一时期，驻扎在行省的军团士兵同行省居民的交往明显增多，关系日益紧密。军队与行省的联系增强，军队与行省居民快速融合。这种融合对三世纪的政治局势影响极大。从二世纪开始，随着帝国外部局势逐渐稳定，行省军团不再四处调动，而是长期驻扎在所在的行省，逐渐定居下来，因而开始与当地居民接触。[②]加之很多军团都已经直接从所在行省征募士兵，导致很多军团士兵本就是行省当地的居

① Dio Cassius, *Roman History*, LXXV.2.6.

② 坎贝尔认为，到二世纪末期，各军团和辅助军已经永久地驻扎在十九个行省，极少四处调动。参见 Brian Campbell, *The Roman Army, 31 B.C-A.D.337: A Sourcebook*, London: Routledge, 1994, p. 140.

民。因此，军团士兵和行省居民的联系越来越多。塞维鲁在位期间，更是允许士兵的同居合法化。[①] 士兵可以返回家中与家人同住，而无需一直住在兵营里。可见很多士兵都已经在行省安家，成为行省的一分子。[②] 士兵与行省的联系自然就更加紧密。随着这种联系的日益加深，军队更加认同行省，更加倾向于维护行省利益，包括行省总督的利益或是行省军团将领的利益。罗马军队不再是一个牢固的整体，而是明显出现离心化的倾向。“士兵们不再用同一种声音说话。不同行省的军队乃至不同驻地的军团，都有着各自的利益考量。彼此之间经常爆发激烈的冲突。”[③] 一个非常显著的表现即从二世纪末开始，各行省军队都争相将自己行省的将领或总督推上元首之位，从而导致内战频发。发生在 193 年的内战即是三位行省总督或指挥

---

① Herodian, *History of the Empire*, Ⅲ.8.5.

② 坎贝尔指出，随着士兵与当地的妇女组建家庭并生育子女，士兵们便同地方社会联系得更加紧密。参见 Brian Campbell, *War and Society in Imperial Rome*, p. 153.

③ Brian Campbell, *War and Society in Imperial Rome*, p. 107.

官在各自行省军队的支持下，争夺元首之位。当时正任叙利亚行省总督的尼格尔顺利得到东部各行省军团的支持；[①] 潘诺尼亚行省的军团指挥官塞维鲁以为佩蒂纳克斯报仇的名义赢得伊利里亚各行省驻军的支持；[②] 不列颠驻军的指挥官阿尔比努斯则深受不列颠驻军的爱戴。[③] 埃拉伽巴路斯自幼便是腓尼基的太阳神祭司，与腓尼基驻军熟识已久，深受士兵们的喜爱。随后，埃拉伽巴路斯便是在这支驻军的帮助下击败马克里努斯成为元首。[④] 为对抗马克西米努斯的暴政，阿非利加行省的驻军和当地民众一同推举总督戈尔迪安为元首，并得到元老院的承认。[⑤]

此外，罗马军队在行省化的同时，蛮族化的速度也明显加快。许多元首都征召蛮族士兵入伍，而且明显表现出对蛮族士兵的重视和依赖。蛮族士兵在罗马

① Herodian, *History of the Empire*, Ⅱ.7.4-5.

② Herodian, *History of the Empire*, Ⅱ.9.2.

③ Herodian, *History of the Empire*, Ⅱ.15.1.

④ Herodian, *History of the Empire*, Ⅴ.3.8-12.

⑤ Herodian, *History of the Empire*, Ⅶ.5.8.

军队中的地位显著上升。而蛮族通过军队介入罗马政治显然为三世纪蛮族深入罗马政权奏响了序曲。

根据赫洛迪安的记载，罗马军队中出现大量蛮族士兵。有些是元首征募而来，有些是元首在之前的战争中俘获的士兵。而且这些蛮族士兵深受一些元首的重视和信赖。安东尼努斯在巡视北方行省时，从日耳曼人中招募预备兵，并挑选“身强力壮、外表俊美”的日耳曼人充当禁卫军。为赢得日耳曼人的支持和拥护，元首经常脱下罗马长袍，换上日耳曼人的装束，“身披绣有银饰的外套，头戴日耳曼式的金色假发”①。在狄奥的笔下，安东尼努斯不仅任命大量日耳曼士兵为百夫长，甚至与日耳曼人私下达成协定：一旦安东尼努斯遭遇不测，日耳曼人便可进攻意大利并入侵罗马。②亚历山大远征日耳曼时，他的队伍中有许多摩洛哥人和来自奥斯若恩和帕提亚的弓箭手。在亚历山大看来，这批受过精心训练的士兵非常适合袭击日

① Herodian, *History of the Empire*, Ⅳ.7.3.

② Dio Cassius, *Roman History*, LXXⅨ.6.2.

耳曼人。“毛里塔尼亚人擅长远距离的标枪投掷和轻型武器的进攻与撤退，而日耳曼人光秃秃的脑袋和庞大的身躯对弓箭手来说正是再适合不过的远距离箭靶。”[①] 马克西米努斯发动日耳曼战争时，几乎带上了所有罗马军队。其中包括大量毛里塔尼亚的标枪兵和奥斯洛尼、亚美尼亚的弓箭手，还有许多帕提亚人。[②] 击败日耳曼人后，马克西米努斯又俘获或劝服了许多日耳曼士兵加入到罗马军队之中。[③] 马克西米努斯率军进攻意大利时，经常派遣日耳曼人为先锋部队，负责发动第一波攻击。[④] 马克西米努斯死后，马克西姆斯将大部分行省和蛮族士兵都遣返回原先的驻地，只将禁卫军和日耳曼士兵带回罗马城。得知禁卫军意图杀害自己时，马克西姆斯立刻召集城内的日耳曼士兵前来保护他。[⑤] 罗马军队蛮族化速度的加快主要是

---

① Herodian, *History of the Empire*, Ⅵ.7.8.

② Herodian, *History of the Empire*, Ⅶ.2.1.

③ Herodian, *History of the Empire*, Ⅶ.8.10.

④ Herodian, *History of the Empire*, Ⅷ.1.3.

⑤ Herodian, *History of the Empire*, Ⅷ.7.8-8.5.

受到罗马军队行省化和元首行省化的影响。[①] 一方面，随着军队的行省化趋势加强，军队的离心倾向日益严重，元首可调用的兵力减少，不得不从境外的蛮族中征召士兵来充实军队，以应付接连不断的内战与骚动不安的外敌。另一方面，这一时期的元首大多出自行省或蛮族，或是曾在蛮族地区长期任职，与蛮族联系紧密、感情深厚，自然更倾向于信赖蛮族士兵。马克西姆斯成为元首前曾在日耳曼担任过总督，并因其公正严明的治理而深受蛮族的爱戴。[②] 随着蛮族士兵在罗马军队中的比例不断上升和元首对蛮族士兵的越发倚重，罗马军队中的大量官职都逐步向蛮族士兵开

---

① 张晓校将罗马军队蛮族化的原因归纳为以下五点：一、帝国军事实力的降低。元首无法调动大量军队。二、驻扎在各个行省的军团由于兵员成分变化，开始相互提防。三、帝国兵员匮乏。传统的征兵方式无法满足军事需要。统治者不得不从境外征召蛮族入伍。四、蛮族大多好战。罗马统治者变相地采取“以蛮治蛮”的策略。五、罗马军队的堕落为军队的蛮族化创造了外部条件。参见张晓校：《罗马帝国 3 世纪危机时期军队蛮族化问题》，《史学集刊》，2003 年第 1 期，第 55 页。

② Herodian, *History of the Empire*, Ⅷ.7.8.

放，包括一些高级军职也开始由蛮族担任。蛮族通过军职逐渐融入罗马统治阶层，甚至夺得元首之位。马克里努斯和马克西米努斯即是两位蛮族出身的元首。马克里努斯来自毛里塔尼亚。马克西米努斯来自色雷斯。两人都是从骑兵开始，逐级晋升到军事长官，最终在军队的支持下成为元首。

“军队中的罗马人很快就被淹没在野蛮的和半野蛮的、罗马化的成分洪流之中了；只有指挥官仍然是罗马人。”[①] 罗马军队的行省化和蛮族化使得罗马的中央政权愈发分崩离析。罗马帝国的军队逐渐分裂成多支属于行省的军队，相互争夺推举元首的权力。面对外敌的滋扰与入侵，元首率领着不再是铁板一块的罗马军队，亦开始被迫寻求和倚靠蛮族士兵的帮助。有时，元首甚至借助蛮族的力量在内战中取胜。而蛮族则利用这一时机大规模地迁入罗马，并且通过军队迅速介入帝国的中央权力，将罗马的统治阶层变得支离

① 【德】马克思、恩格斯:《马克思恩格斯全集》第十四卷，北京：人民出版社，1965 年，第 25 页。

破碎。蛮族元首的上台很快加剧了各支政治力量之间的冲突，尤其是元首同元老院和罗马平民之间的矛盾，进一步破坏了元首政治中的共和因素，加速了元首制朝向君主制的转变。

庞贝古城遗址 1

——莫凡 2017 年 7 月摄于那不勒斯

庞贝古城遗址 2

——莫凡 2017 年 7 月摄于那不勒斯

庞贝古城遗址 3
——莫凡 2017 年 7 月摄于那不勒斯

第四章

帝国治理下的平民

在帝国前期，罗马的平民同样是一支非常重要的政治力量，能够通过多种途径对罗马政治施加一定的影响力[①]。元首亦重视维系同平民的关系，积极保护平民的利益，维持社会安定。到帝国后期，随着元首与平民之间的关系发生变化、平民参与政治的主要方式有所改变，平民的政治地位快速下降，对政治的影响力远不如帝国前期。在赫洛迪安的记述里，元首同平民的关系日益紧张，地位差距进一步扩大。元首不再重视平民的利益和诉求，与平民日渐疏远，继续采用“面包加竞技场”的方法安抚平民。但与此同时，这一时期的罗马平民依旧关注政治，并借助公众舆论和暴力活动的途径积极寻求参与政治的机会，但效果甚微。

---

① 关于罗马平民的政治参与途径，尹宁将其分为制度化的和非制度化的两种参与形式。制度化途径包括参与公民大会和请愿。非制度化途径包括制造社会舆论和发起社会运动。参见尹宁:《元首政治中共和因素的变迁研究》，博士学位论文，北京师范大学，2015 年，第 130—137 页。

第一节

元首与平民的关系

理论上而言，元首作为首席公民，与所有罗马公民都应当是平等的。元首握有保民官的权力，亦表明元首负有保护平民利益的责任。元首作为平民的代表者，凭借其高尚的品德和出众的才能，在全体公民的授权下拥有统治帝国的资格，应当尽力维护平民的利益来巩固自己的统治。在帝国早期，元首通常会积极地向平民释放善意，重视与平民的交流，并尽力满足平民的基本需求，意在获得平民的好感与支持。但在赫洛迪安的笔下，从二世纪末期开始，元首和平民之间的关系逐步发生变化。元首不再将自己视作平民之中的一员，也不再重视和保护平民的利益。

首先，元首和平民之间日益疏远。对平民来说，元首不再是自己能够轻易接近的对象。在帝国前期，平民可以通过请愿的方式直接向元首寻求帮助。接受平民的请愿并尽力解决平民的问题亦是元首的义务。“元首的一项重要职责即是倾听平民的声音。平民会根据元首平易近人的程度和在聆听平民诉求时的和蔼可亲的程度来对元首做出评判。”[①] 赫洛迪安曾称赞马尔库斯出任元首期间，仁慈公正地对待平民，接受他们的请愿书，从不允许士兵驱赶靠近他的民众。[②] 但在赫洛迪安的记述中，我们看不到自康茂德以来有任何关于元首和平民直接交流的记载。许多元首都拒绝和平民接触。康茂德在躲过一系列针对他的阴谋后，

---

① Fergus Millar, *The Emperor in the Roman World 31B.C.-A.D.337*, London: Duckworth, 1977, p.467.

② Herodian, *History of the Empire*, Ⅰ.2.4.

加强身边的守卫，极少在公共场合现身，也不愿处理诉讼案件和帝国的日常事务，大部分时间都待在郊区或远离罗马的行宫中。[①]康茂德的禁卫军长官克里安德在罗马城内制造骚乱，指使禁卫军攻击平民。民众想向康茂德揭发克里安德的罪行，却苦于没有办法见到元首。最终是由康茂德最年长的姐姐法蒂拉以家人的身份冲到元首面前，告知他克里安德正在罗马城内挑起内战。[②]在元首的主动排斥和抗拒下，平民逐渐失去同元首交流、接触的机会。对平民来说，元首不再具有可接近性。

同时，元首和平民之间的地位差距越发扩大。伴随着各项权力纷纷集中到元首身上，元首的专断性增强，加之元首崇拜的快速发展，元首力图巩固自身同神祇的联系，元首与平民之间的关系逐渐朝着服从与被服从的方向发展。元首的个人利益日益凌驾于平民的利益之上。一些元首对平民毫无敬重之心，甚至随

---

① Herodian, *History of the Empire*, I.11.5.

② Herodian, *History of the Empire*, I.12.3-13.3.

意杀害平民。安东尼努斯在一次赛车比赛中，听见有观众在嘲笑自己喜欢的驾车手，深感羞辱，便命令士兵攻击民众，逮捕那些讥讽那名驾车手的人。最终由于士兵们无法从茫茫人海中分辨出是谁在大声喊叫，也没有人肯主动承认，安东尼努斯便下令杀死在场的所有人。士兵们得令后或是肆意杀害平民，或是劫去民众身上的所有财物后再勉强放其一马。[①] 亚历山大里亚的民众喜爱传诵各类辛辣讽刺当权者的诗文，经常就安东尼努斯杀害自己的弟弟与年迈的母亲一事来讽刺他，称安东尼努斯的母亲为“伊俄卡斯忒”，嘲笑身材矮小的元首却非要模仿高大健壮的亚历山大和阿喀琉斯。安东尼努斯得知这些消息后，对亚历山大里亚人怀恨在心，并前往亚历山大里亚，以举办庆典活动为由将所有亚历山大里亚的平民都聚集到广场上，暗中命令军队包围人群大肆屠杀。[②] “一些士兵负责屠杀。另一些则负责挖出巨大的土坑，不断将尸体扔进

① Herodian, *History of the Empire*, Ⅳ.6.5.

② Herodian, *History of the Empire*, Ⅳ.9.1-8.

去，直至深坑被尸体填满，再用泥土封顶，形成巨大的公共墓地。”[①]“有些人尚未死去就被扔进坑里，甚至连那些没有受伤的平民也被强行扔进坑里活埋。”[②]埃拉伽巴路斯在主持节日献祭时，会爬上建好的高塔，向下方的人群抛掷金银杯具、各式衣物、精美的亚麻外衣和各类家畜，要求人们积极抢夺。很多平民都在争抢中被踩踏致死，或是被士兵的长矛刺中。[③]赫洛迪安评价埃拉伽巴路斯节“对许多人来说更像是一场灾难”[④]，而元首对此“毫无收敛悔改之意”[⑤]。这一时期的元首不仅不再保护平民的安全与利益，反而成为威胁和加害平民人身安全的存在。

尽管元首与平民的关系日益紧张，但塞维鲁王朝的元首依旧会同帝国前期的元首们一样，为平民提供一些基本的福利，以稳定社会秩序，主要包括为

---

① Herodian, *History of the Empire*, Ⅳ.9.7.

② Herodian, *History of the Empire*, Ⅳ.9.8.

③ Herodian, *History of the Empire*, Ⅴ.6.9-10.

④ Herodian, *History of the Empire*, Ⅴ.6.10.

⑤ Herodian, *History of the Empire*, Ⅴ.6.10.

平民提供免费谷物、组织平民观看免费演出和竞技比赛、向平民派发赏金等方式。塞维鲁在位期间，为提升民众对自己的好感，慷慨地派发赏金，免费提供各式各样的演出和竞技比赛，屠杀来自世界各地的大量野兽，从各地召集演员表演歌唱和模拟战斗的场景。[①]“所有剧院都在同时上演各类演出，包括模仿秘仪的彻夜宗教庆典，当时被称为‘百年节’。使者穿梭在罗马城和意大利的各城镇之间，召集民众去参加这难得一遇的盛典。”[②]埃拉伽巴路斯刚进入罗马城时，也依惯例向罗马民众分发礼金、为他们举办演出，以获取平民的支持。[③]尽管这一时期的元首能够并愿意为平民提供的福利远不如帝国前期丰厚，但为防止平民制造骚乱并威胁到自身的统治，元首不得不继续将“面包加竞技场”作为满足平民物质和精神需求的重

① Herodian, *History of the Empire*, Ⅲ.8.9.

② Herodian, *History of the Empire*, Ⅲ.8.10.

③ Herodian, *History of the Empire*, V.5.8.

要手段。[①]

元首与平民的关系的变化主要源于元首所需要依靠的政治力量发生了改变。这一时期的绝大部分元首都是由军队推举上位。平民已不再是元首得到统治权和巩固统治的重要依靠力量。因此，许多元首不再重视平民的支持，也不再费心维系同平民的关系，而是更加注重讨好军队。有些元首为了满足军队的利益，甚至不惜站在平民和元老院的对立面，肆意搜刮平民的财富来馈赠给军队，或是纵容士兵欺压平民。总体而言，自二世纪末期起，元首与平民之间的关系明显朝着服从与被服从的方向发展。元首不再看重平民的力量，自然也不再重视和保护平民的利益，仅为平民提供一些基本的福利来防止平民制造骚乱。平民不仅无法从元首处得到尊重与保护，甚至要时刻防备被元首夺走性命。

① 亚韦茨认为，元首为平民提供包括谷物、金钱和娱乐活动在内的福利，并非是出于善意，而是在履行义务。若元首无法满足平民的基本需求，势必会引起平民的骚乱。参见 Zvi Yavetz, *Plebs and Princeps*, Oxford: Oxford University Press, 1969, p. 137.

安东尼努斯浴场遗址

——来源于维基百科

古罗马斗兽场遗址
——莫凡 2017 年 7 月摄于罗马

第二节

平民的政治参与

随着元首制的建立，公民大会的权力和影响力便开始不断被削弱。平民作为一股在共和时期相当重要的政治力量，在帝国时期被迅速排除在实际的政治运作之外。但为获取平民的认可，为自己的统治增添合法性，帝国前期的元首们依旧为平民保留了一些参与政治的途径，包括公民大会和请愿等方式。而平民也积极利用这些途径，并发挥社会舆论和暴力活动的作用，来体现自身对政治的关注和参与，维护自身的利益。在帝国后期，尽管元首和平民的关系日渐疏远、平民的许多利益都得不到保障，但在赫洛迪安的记载中，三世纪前叶的罗马平民依旧关心政治，并寻找各种方式来参与政治。但与帝国前期不同，由于这一时期的平民缺少接近元首的途径，所以平民无法通过请愿这一方式来表达自己的意见。另外在赫洛迪安的记载中，亦没有任何关于公民大会的记录。因此，三世纪前叶的平民主要采用社会舆论和暴力活动的方式来参与政治。

首先，平民经常通过制造社会舆论来表达自己的态度、想法和要求。平民最关注的自然是元首的言行举止。得知康茂德已死后，罗马平民欣喜若狂，在神庙和祭坛前载歌载舞，一边感谢神明，一边发出各式呼喊，如“暴君已死”“那个角斗士已被杀死”之类的话语。[①] 佩蒂纳克斯的继位尚未得到军队和元老院的认可，平民便直接高呼佩蒂纳克斯为“奥古斯都”，

---

① Herodian, *History of the Empire*, II.2.3-4.

给予他“祖国之父”等尊贵的称号。迫于平民所带来的压力，“眼见所有民众都站在佩蒂纳克斯那一边”，禁卫军也只能先对佩蒂纳克斯表示支持和效忠。[①]朱利安努斯从禁卫军处购得元首之位后，“没有任何人像往常一样对元首致敬，而是站在远处不停地咒骂这个用钱买来的元首”[②]。“在广场上，人们三五成群地聚在一起发表看法。他们诅咒朱利安努斯，祈求尼格尔成为帝国的保护者和神圣的元首，迅速前来拯救罗马民众于水深火热之中。”[③]马克里努斯继任元首后，既没有立刻解散军队、安置士兵，也没有顺应民意尽快回到罗马，令罗马平民极为不满，纷纷责备元首不应把大量时间浪费在安条克[④]，并指责元首优柔寡断、品格低劣[⑤]。马克西米努斯的暴政亦引起平民的强烈愤

① Herodian, *History of the Empire*, II.2.9.

② Herodian, *History of the Empire*, II.6.13.

③ Herodian, *History of the Empire*, II.7.3.

④ Herodian, *History of the Empire*, V.2.3.

⑤ Herodian, *History of the Empire*, V.5.2.

潰。“所有城市与行省都出现民怨沸腾的情况。”[①]“大家都在祈祷并呼唤那些遭到亵渎的神明。”[②]老戈尔迪安去世后，元老院正式向马克西米努斯宣战，并迅速在卡皮托山上的朱庇特神庙内选出两位新元首——巴尔比努斯和马克西姆斯来共享统治权。然而罗马平民却“占领所有通往卡皮托山的道路，手持砖石棍棒，对元老院选出的新元首极为不满”[③]。平民尤其反对马克西姆斯，称此人在出任罗马行政长官时对底层流民极为严酷，认为他“尽管对元老院很友好，但对平民却怀有敌意”[④]。平民们“高声叫嚷着要杀死两位元首，并要求从戈尔迪安家族中选出新元首，拒绝让元首之位旁落他人”[⑤]。直到元老院找来老戈尔迪安的外孙并授予他恺撒头衔后，平民才允许两位新元首回到宫中。当信使们用长杆挑着马克西米努斯的头颅进入罗

① Herodian, *History of the Empire*, Ⅶ.3.6.

② Herodian, *History of the Empire*, Ⅶ.4.1.

③ Herodian, *History of the Empire*, Ⅶ.10.5.

④ *Historia Augusta*, Ⅱ.9.8.

⑤ Herodian, *History of the Empire*, Ⅶ.10.6.

马城四处展示时，所有平民都惊喜万分，四处欢庆。“无论男女老少，所有人都冲出家门，奔向祭坛与神庙，如同成功消灭一个一直控制着他们的幽灵，互相祝贺着冲入竞技场，仿佛是前去参加集会。”[①] 在元首之外，平民也会经常关注和议论一些重要的官员。康茂德的禁卫军长官佩莱尼乌斯曾密谋叛变。一个平民则装扮成哲学家的模样，趁元首正在剧院里欣赏表演的时候，跑到舞台中央当众揭发佩莱尼乌斯的阴谋。[②] 康茂德的另一名禁卫军长官克里安德热衷于在罗马城内制造争端，且极度贪婪。罗马民众对他并无好感。“人们先是聚集在剧院里高声呐喊，痛骂克里安德；再一同前往康茂德位于城郊的住处，叫嚷着索要克里安德的性命。”[③] 为平息民愤、结束罗马城中的骚乱，康茂德不得不下令处死克里安德。[④]

同帝国前期一样，平民依然喜爱通过社会舆论的

① Herodian, *History of the Empire*, Ⅷ.6.8.
② Herodian, *History of the Empire*, I.9.3-4.
③ Herodian, *History of the Empire*, I.12.5.
④ Herodian, *History of the Empire*, I.13.4

方式来关注、影响政治，主要包括评判元首和帝国官员。平民通常倾向于在竞技场、剧院和神庙等公共场合以集体的形式表达观点。群体性的发声既能降低个人被处罚的风险，又能增强舆论的力量，迫使统治阶层作出回应。[①]“民众们发现在比赛时很容易逃过察觉，而且因为人数众多而鼓起勇气。”[②]尽管这一时期的平民所能造成的舆论压力不如帝国早期强大，但仍能对罗马政治施加一定的影响。元首、元老院和军队都仍需要在一定程度上接纳平民的意见，极少会出现完全忽视平民诉求的现象。另外，随着元首与平民关系的疏远、军队同平民关系的恶化，一些平民在自身的利益受到侵犯时，也会发起暴力活动，来表达自己的政

---

① 亚韦茨认为平民通常选择在剧院和竞技场内表达观点，主要出于以下三点原因：一、平民在发声时能够避开个人承担责任的风险。形成群体后，人们借助群体的力量，更加敢于表达真实的想法。二、平民在形成群体后，会认为自己代表的是一股政治力量，并且握有权力，有资格参与政治运作。三、统治集团和平民已经达成默契。统治集团默许平民在竞技场和剧院内而非其它场合表达看法。参见 Zvi Yavetz, *Plebs and Princeps*, pp. 19-21.

② Dio Cassius, *Roman History*, LXXIX.20.1.

治态度。

罗马平民的暴力活动主要表现在平民同军队之间的频繁冲突。康茂德的禁卫军长官克里安德为压制平民对他的反对，派禁卫军攻击平民，“在没有任何示警的情况下肆意冲撞砍杀在场的民众”[①]。平民迅速发动反击，向士兵们投掷石块和瓦片。“没有人选择与他们近距离作战，而是纷纷站在安全地带，向他们投掷物品。”[②]“在罗马城的守备部队赶来营救市民之前，双方都已遭到较重的伤亡。”[③]当康茂德刚被杀死、佩蒂纳克斯准备继任元首时，平民担心“禁卫军已经习惯暴君的领导，以劫掠和暴力为乐，必定会拒绝接受一位谦逊的元首”[④]，便自发赶往禁卫军兵营，试图逼迫禁卫军投降。另外，赫洛迪安还记载了一次极为激烈的罗马城骚乱，是发生在巴尔比努斯和马克西姆斯在任期间。起初，元老院正在卡皮托山上秘密推选新

① Herodian, *History of the Empire*, I.12.6.

② Herodian, *History of the Empire*, I.12.8.

③ Herodian, *History of the Empire*, I.12.9.

④ Herodian, *History of the Empire*, II.2.5.

元首来对抗马克西米努斯。当时有许多平民都聚集在元老院打听进展，包括一些隶属于马克西米努斯的守城士兵也在队伍之中。很快，这些士兵便同两名执政官发生冲突。在执政官的鼓动和纠集下，平民将守城士兵视为马克西米努斯的亲友和同党，纷纷前往兵营攻打营门与城墙，迅速引发守城部队同平民之间的混战。“平民认为被士兵们以少胜多是一种耻辱；而士兵们则因被罗马平民视作蛮族而气愤不已。”[1] 双方在罗马城内激烈交锋，并很快引发火灾，导致大量平民因无处逃生而葬身火海。无数个人财富和公共财产都被毁坏。罗马城内大片城区被烧毁。“罗马城被烧毁的部分甚至超过任何一座大城市的总面积。”[2] 有时，平民也会暴力反抗一些官员。当罗马民众得知戈尔迪安已在迦太基被拥立为新的元首并得到元老院的认可后，“所有关于马克西米努斯的雕塑和画像都遭到破坏，一直被暴政压制着的民怨如今同洪流一般喷涌而

---

① Herodian, *History of the Empire*, Ⅶ.12.3.

② Herodian, *History of the Empire*, Ⅶ.12.7.

出”[①]。“那些跟在马克西米努斯身后助纣为虐的监察官和陪审员们也纷纷被民众扔进下水道。”[②]和社会舆论的作用不同，当平民选择采用激烈的暴力手段来表达意见，尤其是在同军队发生冲突时，通常达不到平民想要的效果。由于平民同军队的战斗实力相差悬殊，且缺乏严密的组织和有能力的领导者，每一次暴力活动都会导致大量平民伤亡，并给平民与国家带来严重的财产损失。

总体而言，尽管罗马平民的政治地位在帝国后期继续降低，公民大会所能发挥的实际作用进一步减弱，向元首请愿的权利亦被剥夺，但二世纪末期和三世纪前叶的平民依旧有着较大的政治参与热情，继续通过社会舆论和暴力活动的方式来表达自己对政治的看法。如狄奥所言，相较于被迫隐藏真实情绪来迎合元首和军队的元老们，“民众们则公然表现出不满和愤怒，随心所欲地抒发自己的情感，时刻准备着大干

① Herodian, *History of the Empire*, Ⅶ.7.2.

② Herodian, *History of the Empire*, Ⅶ.7.3.

一场”[①]。这一时期的平民仍能在政治舞台上发挥一定程度的舆论作用。暴力活动的效果则大打折扣。当平民与元首和军队发生冲突时，平民明显处于弱势地位。实际上，平民能否对罗马政治真正产生影响，主要在于元首是否愿意遵循共和传统，满足平民的要求。倘若元首执意拒绝接纳平民的意见，平民除了利用舆论的力量进行谴责，实际上也无计可施。若平民粗暴地采取暴力方式来表达诉求，通常无法达到预期的效果，反而会令自己的生命和财产安全受到损害。

---

① Dio Cassius, *Roman History*, LXX Ⅳ.13.2.

结　语

三世纪的元老史家狄奥·卡西乌斯曾言："马尔库斯·奥勒留死后，我们的历史从一个黄金王国，逐渐沦落到一个黑铁之国、锈铁之国。"[①] 而赫洛迪安的《罗马帝国史》恰好始于马尔库斯去世、其子康茂德继位。作为帝国三世纪史学的代表作品之一，《罗马帝国史》既是我们了解二世纪末期和三世纪前叶的罗马历史的主要途径，更是研究罗马元首政治在这一时期兴衰变迁的重要史料。在赫洛迪安的笔下，元首

① Dio Cassius, *Roman History*, LXXII.36.4.

政治在二世纪末期和三世纪前叶呈现出一些鲜明的新特征。

首先，罗马元首的权力开始高度集中，呈现垄断性的趋势。元首的地位逐渐朝向神灵的方向发展。以元首为核心的官僚体系逐渐发展起来，并开始取代以元老院为核心的传统官僚体系。骑士阶层已经打破元老阶层对元首和各类高级军政官职的垄断。元首和军队恣意侵犯元老院的各项权力。元老院的权威日渐衰落，对元首和军队的监督作用愈发虚弱。同时，元首加强对平民的控制。平民的政治地位日益下降，政治影响力减弱。元首开始凌驾于元老院和平民之上，而不再是人民的公仆、元老院的代表。元首政治中的共和因素明显下降，而专制因素却快速上升。

其次，行省的势力得到明显增强。行省的政治地位快速上升。罗马和意大利在政治上的垄断地位已经结束。行省居民大量进入统治阶层。越来越多的元首频繁出现在行省料理军政事务。帝国的权力重心开始从罗马和意大利向行省转移。正如赫洛迪安所言：

“元首所在之处即为罗马。”[1]公元212年，安东尼努斯颁布敕令，把罗马公民权授予帝国境内的所有自由人。罗马和意大利与行省之间的距离被进一步拉近。罗马军队亦基本行省化。军队在兵员征募上已经完全行省化，并长期驻扎在行省。军队与其所在的行省之间的联系愈发密切，越来越关心行省的事务。军队开始成为行省利益的代表。各支行省军团不断推举所在行省的总督或将领为元首，频频发动内战。帝国的秩序荡然无存。

最后，蛮族开始进入罗马统治阶层，并融入中央政权。这一时期内外战争频繁，军事压力增大，加之行省军队四分五裂，元首急需征募蛮族士兵来补充兵源的不足。越来越多的蛮族出现在罗马军队之中，并在元首的青睐下逐级晋升，获得高级军职。一些蛮族利用军队中士兵的支持，成为元首入主罗马。蛮族元首的上台进一步激化元首同元老院和罗马平民之间的

---

① Herodian, *History of the Empire*, I.6.5.

矛盾，加快了元首政治的衰落。

随着公民权的扩大、行省地位的上升和蛮族势力的涌入，罗马帝国的社会基础不断扩大。不同公民群体之间的矛盾日益加剧。此时的元首政治已无法调节这些矛盾。帝国势必需要一个新的政治制度来适应这些新变化和新情况。元首集权的加强则为君主制的出现奠定了基础。但当新的政治制度还没有建立起来，元首政治又已经无法满足帝国的需求时，帝国很快就陷入全面的危机，即“三世纪危机”。

马尔库斯·奥勒留圆柱
——莫凡 2017 年 7 月摄于罗马

马尔库斯·奥勒留骑马像全身复制品，此复制品藏于意大利卡皮托利博物馆
——来源于维基百科

马尔库斯·奥勒留骑马像特写，此复制品藏于意大利卡皮托利博物馆
——来源于维基百科

参考文献

英文文献

（一）古典文献

[1] Dio Cassius, *Roman History*, in nine volumes, with an English translation by Earnest Cary, Loeb Classical Library, London: William Heinemann, 1914-1927.

[2] Herodian of Antioch, *History of the Roman Empire*, with an English translation by Edward C. Echols, Berkeley and Los Angeles: University of

California Press, 1961.

[3] Herodian, *History of the Empire*, in two volumes, with an English translation by C. R. Whittaker, Loeb Classical Library, London: Harvard University Press, 1969-1970.

[4] *Scriptores Historiae Augustae*, in three volumes, with an English translation by David Magie, Loeb Classical Library, Cambridge: Harvard University Press, 1921-1932.

[5] Suetonius, *The Lives of the Caesars*, Vol. Ⅱ, Loeb Classical Library, Cambridge: Harvard University Press, 1914.

（二）专著

[1] Ando, Clifford, *Imperial Rome A.D. 193 to 284*, Edinburgh: Edinburgh University Press, 2012.

[2] Birley, Anthony R., *Septimius Severus: The African Emperor*, London: Routledge, 1988.

[3] Bowersock, G.W., *Greek Sophists in the Roman Empire*, Oxford: Clarendon Press, 1969.

[4] Campbell, J.B., *The Emperor and the Roman Army, 31 B.C.-A.D. 235*, Oxford: Clarendon Press, 1984.

[5] Campbell, J.B., *The Roman Army, 31 B.C.-A.D. 337: A Sourcebook*, London: Routledge, 1994.

[6] Campbell, J.B., *War and Society in Imperial Rome, 31 B.C.-A.D. 284*, London: Routledge, 2002.

[7] de Blois, Lukas; Cascio, Elio Lo, *The Impact of the Roman Army 200B.C-A.D.476*, Cambridge: Brill, 2007.

[8] Dodgeon, Michael H.; Lieu, Samuel N.C., *The Roman Eastern Frontier and the Persian Wars, A.D. 226-363*, London: Routledge, 1991.

[9] Edwards, Catharine, *Writing Rome: Textual Approaches to the City*, New York: Cambridge University Press, 1996.

[10] Erdkamp, Paul, *A Companion to the Roman*

Army, Oxford: Blackwell Publishers, 2007.

[11] Goldhill, Simon, *Being Greek Under Rome*, New York: Cambridge University Press, 2001.

[12] Gradel, Ittai, *Emperor Worship and Roman Religion*, Oxford: Clarendon Press, 2002.

[13] Graf, Fritz, *Roman Festivals in the Greek East*, Cambridge: Cambridge University Press, 2015.

[14] Hekster, Olivier, *Rome and its Empire, A.D. 193-284*, Edinburgh: Edinburgh University Press, 2008.

[15] Isaac, Benjamin, *The Limits of Empire: The Roman Army in the East*, Oxford: Clarendon Press, 1990.

[16] Kemezis, Adam, *Greek Narratives of the Roman Empire under the Severans,* Cambridge: Cambridge University Press, 2014.

[17] Marincola, John, *Authority and Tradition in Ancient Historiography*, New York: Cambridge University Press, 1997.

[18] Mennen, Inge, *Power and Status in the Roman*

Empire A.D. 193-284, Leiden: Brill, 2011.

[19] Millar, Fergus, *The Emperor in the Roman World, 31 B.C.-A.D. 337*, London: Duckworth, 1977.

[20] Millar, Fergus, *The Roman Near East, 31 B.C.-A.D. 337*, Cambridge: Harvard University Press, 1993.

[21] Potter, David S., *The Roman Empire at Bay, A.D. 180-395*, London: Routledge, 2004.

[22] Soutbern, Pat, *The Roman Empire from Severus to Constantine*, London: Routledge, 2011.

[23] Todd, Malcolm, *A Companion to Roman Britain*, Oxford: Blackwell Publishers, 2004.

[24] Whitmarsh, Tim, *Greek Literature and Roman Empire*, New York: Oxford University Press, 2001.

[25] Yavetz, Zvi, *Plebs and Princeps*, Oxford: Oxford University Press, 1969.

（三）论文

[1] Appelbaum, Alan, "Another Look at the

Assassination of Pertinax and the Accession of Julianus", *Classical Philology*, Vol. 102, No. 2(2007), pp. 198-207.

[2] Cleve, Robert L., "Some Male Relatives of the Severan Women", *Historia: Zeitschrift für Alte Geschichte*, Bd. 37, H. 2(1988), pp. 196-206.

[3] Davenport, Caillan, "Iterated Consulships and the Government of Severus Alexander", *Zeitschrift für Papyrologie und Epigraphik*, Bd. 177(2011), pp. 281-288.

[4] Davenport, Caillan, "Soldiers and Equestrian Rank in the Third Century AD", *Papers of the British School at Rome*, Vol.80(2012), pp.89-123.

[5] de Blois, Lukas, "The Third Century Crisis and the Greek Elite in the Roman Empire", *Historia: Zeitschrift für Alte Geschichte*, Bd. 33, H. 3(1984), pp. 358-377.

[6] de Blois, Lukas, "Traditional Virtues and New Spiritual Qualities in Third Century Views of Empire,

Emperorship and Practical Politics", *Mnemosyne*, Fourth Series, Vol. 47, Fasc. 2(1994), pp. 166-176.

[7] Frendo, David, "Cassius Dio and Herodian on the First Sasanian Offensive against the Eastern Provinces of the Roman Empire (229-232)", *Bulletin of the Asia Institute*, New Series, Vol. 16(2002), pp. 25-36.

[8] Hammond, Mason, "Composition of the Senate, A.D.68-235", *The Journal of Roman Studies*, Vol.47, No.1/2(1957), pp.74-81.

[9] McLaughlin, Jonathan James, *The Transformation of the Roman Auxiliary Soldier in Thought and Practice*, Ph.D dissertation: University of Michigan, 2015.

[10] Philippides, Marios, "Herodian 2.4.1 and Pertinax", *The Classical World*, Vol. 77, No. 5(1984), pp. 295-297.

[11] Ross, A.G., "Herodian's Method of Composition", *The Journal of Roman Studies*, Vol. 5(1915), pp. 191-202.

[12] Scott, Andrew G., "Dio and Herodian on the Assassination of Caracalla", *The Classical World*, Vol. 106, No. 1(2012), pp. 15-28.

[13] Sidebottom, Harry, "Herodian's Historical Methods and Understanding of History", *Aufstieg und Niedergang der römischen Welt* 2.34.2(1998), pp. 2775-2836.

[14] Ward, Joel S., *Watching History Unfold: The Uses of Viewing in Cassius Dio, Herodian and the Historia Augusta*, Ph.D dissertation: New York University, 2011.

中文文献

（一）译著

[1]【英】爱德华·吉本:《罗马帝国衰亡史》(上册)，黄宜思、黄雨石译，北京：商务印书馆，1997 年。

[2]【英】爱德华·吉本:《罗马帝国衰亡史》(下

册)，黄宜思、黄雨石译，北京：商务印书馆，1997 年。

[3]【美】理查德·J·A·塔尔伯特:《罗马帝国的元老院》，梁鸣雁、陈燕怡译，上海：华东师范大学出版社，2018 年。

[4]【美】罗斯托夫采夫:《罗马帝国社会经济史》(上册)，马雍、厉以宁译，北京：商务印书馆，1985 年。

[5]【美】罗斯托夫采夫:《罗马帝国社会经济史》(下册)，马雍、厉以宁译，北京：商务印书馆，1985 年。

[6]【德】马克思、恩格斯:《马克思恩格斯全集》第十四卷，北京：人民出版社，1965 年。

[7]【法】孟德斯鸠:《罗马盛衰原因论》，许明龙译，北京：商务印书馆，2016 年。

[8]【俄】科瓦略夫:《古代罗马史》，王以铸译，上海：上海书店出版社，2007 年。

(二)专著

[1] 李雅书、杨共乐:《古代罗马史》，北京：北京师范大学出版社，2010 年。

[2] 刘家和、廖学盛:《世界古代文明史研究导论》，北京：北京师范大学出版社，2010 年。

[3] 王振霞:《公元 3 世纪罗马政治与体制变革研究》，北京：社会科学文献出版社，2014 年。

[4] 杨共乐:《罗马史纲要》(修订版)，北京：商务印书馆，2015 年。

[5] 张晓校:《罗马军队与帝位嬗递》，北京：中国社会科学出版社，2006 年。

（三）论文

[1] 何立波:《论罗马帝国的元首私库》,《贵州大学学报（社会科学版）》，2006 年第 1 期。

[2] 宋凤英、何立波:《古罗马传统宗教与元首崇拜的构建》,《世界宗教文化》，2013 年第 5 期。

[3] 宋立宏:《罗马帝国行省体系中的皇帝——以罗马不列颠为例》,《南京大学学报（哲学、人文科学、社会科学版）》，2006 年第 5 期。

[4] 宋立宏:《行省中的罗马军队：以罗马不列颠

为中心》,《古代文明》,2008年第3期。

[5] 熊莹:《“除名毁忆”与罗马元首制初期的政治文化——以公元20年的皮索案为例》,《历史研究》,2009年第3期。

[6] 尹宁:《试论古罗马元首制的阶段性特征——以元首人选的变更为例》,《古代文明》,2014年第2期。

[7] 张晓校:《罗马帝国3世纪危机时期军队蛮族化问题》,《史学集刊》,2003年第1期。

后　记

此书源自我在硕博期间对赫洛迪安《罗马帝国史》进行翻译，并在翻译基础上写作的相关文章，最后进行了适当的扩充修订而成。

我于2012年考入北京师范大学，开启了长达十一年的求学时光，在历史学院完成了本硕博三个阶段的学习。我既收获了众多良师益友，亦塑造了一个不断成长的自己。

2014年，我在武晓阳老师开设的《古代西方文化史》的课堂上，第一次领略到古希腊罗马史的美妙。随后在专业分流时，我便选取了世界古代史，以古代罗马史为方向，跟随杨共乐教授学习至今。在杨共乐教授的建议和指导下，我选定赫洛迪安的《罗马帝国史》为翻译和研读的对象。

在尝试打开罗马史殿堂大门的过程中，我得到了诸多老师的帮助。一方面在北师大校内，我认真修读教研室所安排的各项课程，在各位老师的指引下接受翻译的训练，在阅读中积累知识，试图形成自己的思想。另一方面在校外，我在北京外国语大学学习了三年的拉丁语、古希腊语和德语，以提升世界古代史研究者所必需的语言水平。其中在2017年，我在北外意大利专家麦克雷老师的推荐和组织下，前往意大利罗马高强度地学习了一个月的拉丁语，为随后的学习和研究打下了语言基础。

最终，在翻译和写作小论文的基础上，我以“元首政治和帝国治理”为主题撰写此书稿。北师大历史学院有着近百年的学术传统，尤其是陈垣先生的根柢之学、白寿彝先生的古今贯通之学和刘家和先生的中西会通之学，当这学术传统具体到个人的学术实践之中时，翻译和研读历史文本是毋庸置疑的第一步。在逐句翻译和仔细研读赫洛迪安的《罗马帝国史》加之整理了已有的研究成果后，我把赫洛迪安书中所记录的政治力量分为四部分，分别是罗马元首、罗马元老院、罗马军队和罗马平民。我从赫洛迪安的文本入手，管窥该史家笔下的这四支不同政治力量在二世纪末期至三世纪前叶的罗马帝国中的互动关系，从而总结出该时期罗马元首政治和帝国治理的主要特征。研究重心仍是赫洛迪安的著作。

回想十二年前的九月，我第一次踏进北师大的校门，满心充斥着对大学生活的好奇与期待。转眼间，我已经开始在北师大进行博士后阶段的工作和研究，在历史学的道路上不停徘徊着、亦缓慢前行着。这一路的成长，离不开家人、老师和同学对我的帮助与关怀。从他们的身上，我不断地汲取继续前行的力量，加倍努力成为一名合格的史学工作者。

最后感谢研究出版社的孔煜华编辑耐心地编校本书，为我提出诸多宝贵的修改意见，以提高本书质量。本书中必然还存在诸多疏漏，恳请读者批评指正，在此一并表示感谢。

莫凡

于北京师范大学历史学院、史学理论与史学史研究中心

2024 年 11 月 19 日